하루하루가 기적이다

하루하루가 기적이다

유인봉 수필집

작가의 말

  살아보니 알 수 있을 것 같다. 행복이란 게 그리 거창한 게 아니란 것을. 사회에 발을 디디면서부터 삼십여 년을 앞만 보고 파랑새의 꿈을 찾아 달려가 보았지만, 그 어디에서도 파랑새는 만날 수 없었다. 그저 작고 미미한 것들 속에서 기쁨을 발견할 수 있었고 감사의 제목을 찾을 수 있었다.
  소소한 일상에서 기쁨과 감동을 선사했던 기억도 있었고 속울음을 삼켜야 했던 시간도 있었다. 아쉬움과 미련이 앙금처럼 남는 시간도 있었다. 그러나 다 지나가는 것들이었다. 그리고는 밤하늘의 반짝이는 별처럼 아름다운 추억이 되어 꽃으로 피고 있다.
  나를 손잡아주고 일으켜 주고 다시 뛰게 했던 치료제는 흐르는 시간과 좋은 인연의 사람들이었다. 지나고 보면 아픔과 슬픔을 겪으면서 더 성숙해지고 사람을 더 이해하는 폭을 넓혀가는 시간이었다. 여기에 소중한 인연과 함께했던 시간을 담아 보았다. 모쪼록 소소한 일상을 담아낸 이 글이 누군가에게 위로가 되고 기쁨으로 남길 바란다.

차례

작가의 말

제1부 가벼움은 낮은 쪽이더라 12

가을걷이 16

가을에도 꽃은 피더라 21

금암동 145번지 25

김장 30

꿈을 짓다 34

남겨진 것을 사랑해야지 37

남이 부럽지 않은 이유 41

내 영혼의 샴페인 45

너 때문에 내가 웃는다 49

제2부   농부의 행복   54

　　　　　농사 공부   58

　　　　　다 베푼 대로 받는 법이여   62

　　　　　동반자   66

　　　　　동진강아, 답해다오   69

　　　　　말이 씨가 된다는 말   72

　　　　　망중한(忙中閑)에 들다   76

　　　　　맨발로 걷기   80

　　　　　못줄 넘어간다   83

　　　　　물난리   87

제3부

물머리에 서다　92

보리 들녘에서 유년을 만나다　96

봄나들이　99

빛바랜 사진 한 장　103

사용 설명서　108

선교지에서　112

섬을 담다　117

숙제　123

아버지를 추도하며　126

알봉 마을에 가면 노인도 청년이 된다　130

역지사지의 마음으로　134

제4부   옛것과 새것의 경계   140

오래된 집   146

아픈 손가락   153

칼로 물 베기   158

탓이 아닌 자연스러운 일   162

포기의 열매   165

하루하루가 기적이다   169

행복의 문을 여는 열쇠   174

헐렁한 사람   177

후회   180

흙의 아우성   187

제1부

가벼움은 낮은 쪽이더라 / 가을걷이
가을에도 꽃은 피더라 / 금암동 145번지 / 김장
꿈을 짓다 / 남겨진 것을 사랑해야지 / 남이 부럽지 않은 이유
내 영혼의 샴페인 / 너 때문에 내가 웃는다

가벼움은 낮은 쪽이더라

　산이 아침 문을 연다. 달빛이 새벽잠을 털어내고 있는 능선을 향해 발걸음을 밀어 올린다. 기분 좋은 산바람이 새소리를 실어 온다. 자박자박 물길을 거슬러 산길을 오른다. 맑은 아침으로 샤워한 숲이 향긋하다. 풀잎에 맺힌 투명한 몸을 기울면 금방이라도 주르르 흘러내릴 것 같다. 오감이 열리고 생각이 맑아진다. 숨소리 하나 흔들리지 않는 고요가 이어진다.

　골골이 이어진 물길을 따라 구비 진 골짜기를 오른다. 발자국 뒤꿈치를 따라오던 숨소리가 거칠어진다. 가파른 오르막의 시작이다. 가쁘게 몰아 쉬던 골 물의 숨소리도 작아진다. 졸졸거리며 나지막이 읊조리는 물소리가 산 중턱임을 말해준다. 능선을 따라서 가지처럼 내리뻗은 골짜기기마다 백 살이 넘었을 소나무가 빼곡하다. 기원을 알 수 없는 숲의 연대기, 세월의 무게를 못 이겨 생을 마친 고목이 몸을 가누지 못해 숨을 멈추고 가장 낮은 곳을 향하여 누워 있다. 둥치를 드러낸 늙은 몸이 하늘을 향해 키를 내는 여린 자식에게 자리를 내어주고 있다. 조금만 오르면 능선이다. 산의 등뼈 산맥이 모습을 드러낸다. 그가 너른 품을 열어 크고 작은 봉우리를 내고 산자락을 품는다. 그리고는 골마다 물길을 내고 강에 이르기까지 아래 있는 뭇 생명을 먹이고 입힌다. 숲을 만들어 새와 짐승을 들였다. 그의 품은 늘 조용하지만 역동적이다.

가쁜 숨이 목까지 차오른다. 코를 땅에 박고 두더지처럼 경사를 오른다. 하늘이 환해진다. 시야가 트이고 있다. 좌우로 길게 능선이 펼쳐진다. 푸른 녹음에 칠월의 능선이 푹 파묻혀 있다. 잠에서 깨어난 안개가 산을 오르더니 능선을 하얗게 적신다. 목화솜을 타듯 구름이 차오른다. 먼 산이 자궁을 열고 황금알을 쑥 밀어 올린다. 붉게 물든 하늘빛이 능선에 번진다. 산에서 바라보는 일출은 웅장하고 엄숙하다. 침묵 속에 장엄한 아침을 마음에 꾹꾹 눌러 담아본다. 능선을 넘어온 바람은 고비를 넘었다는 듯 더 날개를 단다. 산이 동안거에 들 때도 살을 에는 듯한 칼바람으로 마른 귓전을 때렸을 것이다. 그래서인지 능선에 터를 잡은 것들은 죄다 키가 작다. 몸집은 작지만, 몸피는 단단하고 야무지다. 내공으로 말하면 아랫녘 키 큰 잣나무나 오리나무와 비교할 수 있겠는가. 능선의 굽이를 돌아 나올 때마다 높은 봉우리가 불쑥불쑥 고개를 내민다. 조금만 더 가면 하늘을 머리에 이고 있는 향적봉이다. 머리맡에 인파의 웅성거림이 들린다. 정상이다. 사진을 찍는 사람, 운무를 즐기는 사람, 긴 호흡을 가다듬는 사람, 허기를 메우는 사람 각양각색이다. 서로 다른 곳에서 하나의 목적지를 향하여 정상에 모인 사람들, 곧 흩어질 것이다. 인연을 스친 사람들이 하나둘 산을 내려간다.

인연이 머물다 간 자리에 무거워진 어깨를 내려놓는다. 멀리 겹겹이 어깨를 맞댄 산들이 한 폭의 수묵화로 걸려 있다. 턱 밑에 '살아 천년 죽어 천년' 이름을 지닌 주목이 전설처럼 선 채로 생을 마쳤다. 마른 뼈로 남았지만, 아직 등뼈 꼿꼿하다. 천 년의 기상을 담고 있는 너, 내색 없는 큰 산의 속내를 다 알고 있으려나.

정상을 만날 또 다른 인연들을 위해 자리를 비워 준다. 오르막이 있으면 내리막이 있는 법, 내려가는 길은 훨씬 수월하다. 여유가 생겼다. 오를 때는 정상을 향해 앞만 보고 걸었다. 지금은 천천히 주변을 둘러보며 산에서 내려간다. 몇 걸음 내려서니 평전이 눈 앞에 펼쳐진다. 평전은 꽃을 내고 축제 중이다. 노란 꽃등을 밝히고 있는 각시원추리가 첫눈에 들어온다. 꽃말이 기다리는 마음이란다. 나를 스쳐 간 모든 인연을 해마다 그 자리에서 기다리는 마음을 가진 꽃말이 애틋하다. 그리움이 수줍게 숨어 있다. 꿩의 다리도 눈에 띈다. 하얀 화관을 쓰고 긴 다리를 가진 꿩이 금방이라도 날아오를 듯하다. 연초록 여름을 몸에 두른 박새 꽃도 보인다. 이름이 모두 독특하다. 다시 꽃을 보니 꽃말이 고고하기까지 하다. 등짐을 내려놓고 가볍게 천천히 해찰하듯 내려간다. 오를 때 보지 못한 것들이 눈에 들어온다. 느낌이 더 새롭다.

서편 하늘에 노을이 번지고 있다. 목표를 두지 않고 사는 것, 어떠할까? 아마도 욕심과 부러움은 없을 것 같다. 그리할 수 있다면 매일의 발걸음이 한결 더 가벼울 것 같다. 목표를 향하여 경주마처럼 앞만 보고 달려왔던 젊은 날이 있었다. 이제는 반환점을 돌아 원점으로 회귀하는 시간, 하산길의 다짐처럼 목표 따윈 없어도 되겠다. 남겨진 여분의 행로가 지금처럼 가벼움이면 참 좋겠다.

가을걷이

쾌청한 가을 날씨가 엉덩이를 들썩이게 한다. 아내가 먼저 바람을 쐬러 가자고 운을 뗀다. 이 화창한 가을을 그냥 지나치기에는 아쉬웠나 보다. 주섬주섬 채비를 하고 집을 나섰다. 차 머리는 어느새 고향으로 향하고 있다. 추수철이라 일손도 부족할 텐데 처남 과수원이나 형님댁의 소소한 가을걷이를 거들 수 있으리라는 생각이 들었다.

아내가 운전대를 잡더니 빠른 길이 아닌 모래재를 넘는 느릿한 옛길로 방향을 잡는다. 재를 넘기 전 두붓집에서 순두부를 넉넉하게 포장했다. 모처럼 형님댁과 점심을 함께 할 생각이다. 모래재 굽이진 길을 넘어 세동리를 들어선다. 메타세쿼이아 길이다. 가을이 진 갈색으로 물들고 있다. 영화촬영지로 유명세를 치른 후로 늦은 가을

만 되면 추억과 낭만을 즐기려는 방문객이 줄을 잇는 나들이 명소가 되어 버렸다. 사이클 동호인들이 은륜의 바퀴를 굴리며 달리고 행락객들이 깊어가는 가을을 즐기고 있다. 우리도 그냥 지나칠 수 없어 사진 몇 컷 담아 본다. 분위기 있는 찻집이 있으면 금상첨화인데 아쉬운 대목이다.

고향 들판도 가을 추수가 마무리되어가는 중이다. 오얏재를 오르던 아내가 차를 멈추더니 예비한 사람처럼 바구니를 들고 어서 따라오라며 앞장을 선다. 밤나무와 굴참나무 있는 곳을 안다는 것이다. 아내는 이내 풀 섶을 헤치고 바닥에 떨어진 밤톨과 상수리 줍기에 푹 빠져 버렸다. 겨울날 다람쥐 양식은 남겨 놓아야 한다며 겨우 아내의 손을 끌고 밤 줍기를 마무리한다. 본가에 오르는 오얏재 날망길은 상지담 뒷길을 지나 수룽골로 이어진다. 비탈진 비포장 오솔길이었는데 지금은 잘 포장된 농로로 조성되어 있다. 양쪽 길섶으로 은빛 억새가 청초한 들국화와 함께 한 폭의 풍경으로 걸려있다. 멀리 남덕유산이 한눈에 들어온다. 장안산이 구름 몇 조각 머리에 이고 있다. 구불구불한 싸리재를 넘어서면 읍내로 가는 버스 길이 이어진다.

형님댁은 고구마 수확이 한창이다. 차 소리를 듣고 형님 내외가 일손을 멈추고 반갑게 맞이한다. 준비해간 순두부찌개를 끓이고 마당 텃밭에서 풋고추를 따 부침개까지 해서 점심상을 차렸다. 점심을 마친 후 모두는 고구마밭으로 향했다. 가을 가뭄 탓에 흙살이 단단하게 굳어 있다. 삼지창과 삽으로 흙을 뒤집을 때마다 주렁주렁 매달려 올라오는 고구마 캐는 재미에 시간 가는 줄 모른다. 그렇지만 전업 농부가 아닌 이상 재미도 잠깐이다. 한두 시간의 노동은 꿀맛처럼 신선하고 재미가 있다. 하지만 거기까지다. 시간이 흐를수록 육체적 피로가 더해지고 힘이 들기 시작하면 재미가 지루한 싫증으로 바뀐다. 해가 뉘엿뉘엿 서산을 넘어가고 있다. 날이 어두워지기 전에 뒷정리해야 한다.

유년에 우리나라 지도같이 생긴 비탈진 밭이 산자락 발등에 자리하고 있었다. 그 밭이 제일 사래도 길고 크기 때문에 큰 밭이라 불렀다. 큰 밭이래야 육백 평 남짓이었다. 아버지는 그 밭에 고구마를 주로 심었다. 어떤 해에는 담배 농사로 돌려짓기했다. 해마다 외양간 쇠 거름을 등짐 하여 큰 밭에 뿌리고 쟁기질한 다음 고구마를 심는다. 가을날 무서리가 한두 번 내리면 고구마 수확을 시작한다. 흙 속에서 아기 머리통만이나 한 고구마가 줄기를 타고 주렁주렁 올라오면 누구 것이 더 큰지 서로 시합하듯 대보기도 했다. 수확한 고구마는 가마니에 담아서 초가집 안방과 뒷방에 들여 통가리를 만들어 겨울을 준비한다. 양식이 귀하던 시절, 고구마는 겨울철 가족들의 점심이나 아이들의 유일한 간식거리였다. 삶은 고구마에는 물김치가 궁합이 맞았다. 얼음이 동동 떠 있는 시원한 물김치와 삶은 고구마는 그야말로 긴긴밤 간식으로 환상적 궁합이었다. 오늘날에는 귀한 간식으로 대접받는 먹거리이지만, 그 시절은 고구마를 구황작물이라 불렀다.

고구마를 캐다 보면 호미나 쇠스랑에 찍혀서 상처가 나기도 하고 고구마 허리나 발목이 동강 나기도 한다. 그러하기에 캐면서 바로 담지 않고 햇볕에 두세 시간 말린 후 상자에 담는다. 햇빛이나 바람에 상처 부위가 아물어야 썩지 않기 때문이다. 상처가 없고 깨끗하게 잘생긴 녀석들은 상자에 가지런히 담아 누군가에게 보낼 생각이다. 크기가 작은 것과 상처 난 것과 울퉁불퉁 못생긴 것은 별도의 상자에 담는다. 아마도 이것은 주인이 두고 먹을 겨울 양식인 것 같다.

가을걷이가 끝난 농산물 중 못생기고 상처 나고 자잘한 것은 으레 주인 몫이다. 좋은 것은 팔거나 남에게 주고, 팔지 못할 비품만 오롯이 주인 차지가 된다. 친척이나 친구들에게 한 상자라도 선물하려면 좋은 것만 골라서 보낸다. 남에게 주는 것이기에 더욱 신경을 쓸 수밖에 없다. 농산물은 농부가 1년 내내 들판에서 애지중지 가꿔 온 땀과 눈물의 소산이다. 그 값어치를 단순하게 돈으로 환산할 수 없는 일이다. 사 먹는 도시민들도 비싸니 싸니 투정 부리지 않았으면 좋겠다. 농사를 지어 보지 않고서야 어찌 농부의 마음을 알 수 있겠는가.

농부는 날마다 걱정을 달고 사는 사람들이다. 풍년이면 값이 하락하고 흉년이면 수입농산물이 대체하여 농부는 잘해야 본전이다. 근래에는 자연재해가 빈번하게 발생하고 외래 병해충이 많아 농사짓기도 여간 힘들지 않은 일이다. 농사짓는 모습이 누구의 구속도 없이 평화롭고 걱정이 없는 일 같아 보여도, 진짜 농부가 되어 보면 그게 아님을 느낄 것이다. 우선 육체적으로 힘든 일이기도 하지만, 내 생각과 의도와 노력과는 달리 이상기온이나 병해충 자연재해 등 외부적 변수가 많아 참으로 고민과 걱정이 산 넘어 산인 직업이다.

대대손손 고향 산천을 못 떠나고 문전옥답과 농업 농촌을 지켜온 사람들이 있다. 그들이 농부란 직업을 자랑스럽게 여길 수 있는 날이 오면 좋겠다.

가을에도 꽃은 피더라

하늘이 구름 한 점 없이 맑고 깊다. 가을을 산책하기에 더 없는 안성맞춤이다. 매일 새벽길을 한 시간 정도 걷기로 하루를 시작한다. 오늘은 새벽예배가 없는 주말이라 아침 운동을 하지 않아서인지 몸이 근질거린다. 새벽예배에 나오는 이유를 묻는다면 첫째는 하루의 시작을 예배와 기도로 정리하고 시작하는 기쁨이요 둘째는 맑은 아침 공기를 마시며 산책과 운동을 동시에 할 수 있다는 꿩 먹고 알 먹는 일이기 때문이다.

이렇게 날씨가 쾌청한 날에는 혼자만의 산책을 즐기고 싶어진다. 걸어야겠다. 예배당 골목길을 돌아 유토피아 아파트를 지나면 시원하게 확 트인 강에 버금가는 전주천이 나타난다. 시민의 건강과 휴식을 위해 물길을 따라 산책로와 자전거길이 잘 조성되어 있다. 물길을 따라 갈대와 억새가 군락을 이루며 은빛 머리를 흔들어 댄다. 애완견을 데리고 산책하는 사람, 조깅하는 사람, 하이킹을 즐기는 사람 모두 천변의 풍경에 어울리는 자유분방한 모습이다. 강물에 볕살이 은비늘처럼 쏟아진다. 간간이 청둥오리가 무리를 지어 수면에 차르르 내리더니 유유히 강물을 유영한다. 갈대 덤불 속에서 노니는 굴뚝새 재잘거림이 정겹다. 사람들과 친해진 탓인지 멀리 달아나지 않고 몇 발짝 자리를 옮겨 앉는다. 작은 가지와 수풀을 오가며 한때를 즐기는 모양이다.

 전주 대교를 앞두고 방향을 틀어 농수산물도매시장을 돌아 발단 마을로 들어선다. 이 마을은 철도 길 건너 과거 전주 비행장 남녘 기슭에 자리 잡고 있다. 전주 시내와 철길 하나를 두고 있는 자그마한 농촌 마을이다. 지금이야 군부대가 임실로 이전하면서 에코시티라는 거대한 아파트단지가 들어와 전주시의 미개발 노른자 땅이 되었지만, 그 전만 해도 군부대가 인접해 있고 철도 건너편에 있었기에 도심을 벗어난 외진 마을이었다. 마을 초입에서 송천중학교로 이어지는 경운기 겨우 지날만한 이 길이 발단길이다. 길 초입에 배추를 심은 채소밭이 있다. 시내 사는 그 댁의 가족인 듯싶다. 고구마 줄기를 따서 다듬고 있다. 고구마가 다 자라고 수확하기 전에 고구마 순을 따서 거친 껍질을 벗기고 김치를 담가 먹으면 그 맛이 그만이다. 잘 익은 대추가 붉은빛을 한껏 자랑하고 있지만, 주인의 손길이 모자라서인지 나무에서 쪼그라진 채 마른 시간을 보내고 있다. 가을 김장을 위해 텃밭에 심어놓은 무가 푸른빛을 더해가고 배추는 속을 노랗게 채워가며 김장을 기다리고 있다. 발단 마을을 빠져나오자 나락 논이 이어진다. 샛노랗게 물기 젖은 지난주 모습이 오늘은 볏짚이 마르고 색깔도 푸석푸석해지며 탈곡을 기다리고 있다. 누군가가 밭에 모과나무를 심어놓은 모양이다. 드문드문 심어진 나무에 이파리 하나 없는 연둣빛 모과가 풍장처럼 달려 있다. 나무 아래 수풀 속을 보니 군데군데 모과가 떨어져 있다. 그중 실하고 잘생긴 놈 하나를 챙긴다. 제법 묵직하다. 엊그제 이 길을 지나면서 주워 갈까 하다, 짐이 될성싶어 다시 놓고 갔다. 그런데 오늘은 왠지 생각이 달라졌다. 지난번에 잘 익은 탱자를 주워다 거실 탁자에 붉은빛이 잘 돈 사과와 함께 접시에 담아 가을을 들여놓았다. 그런데 어느 날 보니 사과는 온데간데없고 탱자만 홀로 남아 있는 것이다. 아마도 아내가 해치웠던지 냉장고로 들어갔을 것이다, 오늘은 그 자리를 모과로 채워 보아야겠다.

    집으로 가는 길은 세병호를 가로질러 가거나 둘레길로 돌아가야 한다. 하지만, 아기 머리통만 한 모과를 손에 들고 가는 모습이 별다른 오해를 살 수 있다는 생각이 들었다. 들판으로 이어지는 외곽 길로 돌아가기로 했다. 길 언저리에 노란색 들꽃이 눈에 선명하게 들어온다. 하나는 멀리서 보아도 뚱딴지꽃이다. 다른 이름은 돼지 감자꽃이다. 또 하나 멀대처럼 큰 키에 들판에 하늘거리는 마타리꽃이다. 꽃은 대부분 봄이나 여름에 피는 것으로 알고 있다. 가을에는 꽃이 지는 계절로 알고 있다. 그러나 들판을 거닐다 보면 가을에 피는 꽃이 생각보다 많이 있다는 것을 알게 된다. 특히 들국화라 불리는 구절초, 쑥부쟁이, 산국, 감국, 개미취 같은 청초한 가을 색으로 피는 꽃, 그리고 노랗게 피는 마타리와 뚱딴지꽃 거기에 가을의 상징 같은 코스모스가 있지 않은가. 강가나 금빛 들판에 하늘거리며 피어 있는 코스모스는 가을의 전령사 라 했다. 그뿐 아니다. 선운사나 불갑사에 가면 애절하게 사랑 꽃으로 피는 붉디붉은 상사화가 있다. 이들이 가을날의 외로움과 쓸쓸한 빈자리를 채워 준다. 노랑은 희망을 노래하는 색이 아니던가.

코로나19로 뒤바꾸어 버린 우리의 일상이 서로의 만남과 모임과 갈라놓고 있다. 들판에 무더기무더기 피어난 뚱딴지의 노랑처럼 우리네 마음도 노랑 빛 희망으로 무더기무더기 피어났으면 좋겠다.

금암동 145번지

　금암 2동 거북이 마을 끝자락, 갈지자로 구불구불한 골목길을 숨이 차도록 올라가다 보면 골목 끄트머리 대문 없는 회색빛 외딴집 잡초와 가시덤불이 지붕 서까래를 덮고, 야트막한 처마는 바닥에 코가 닿을 듯 숨죽여 엎드려 있던 곳, 금암동 145번지 스물일곱 살 적 신혼집이 거기 있다. 금암동을 떠나 송천동과 효자동 멀리는 장수를 떠돌다 40년 만에 금암도서관을 찾았다. 도서관에 발을 들여놓기 전에 사십여 년 전에 살았던 옛집이 생각나 희미해진 기억을 더듬고 더듬어 찾아본다. 골목이 막히고 새집이 들어서고 오래된 집은 허물어져 분간할 수는 없지만, 언덕배기 바로 아래 묵정밭 같은 흔적이 옛 집터임을 짐작게 한다. 어찌 보면 전주시에서는 하늘 아래 첫 동네인 곳, 모래내 시장과 서노송동 그리고 시청과 팔달로가 훤히 내려 보이는 거북바위 바로 옆집이다.

　서노송동 2층 옥탑방에서 신혼살림을 시작했다. 신혼이라기보다는 동생 둘과 친인척 동생 둘이 와 있으니, 하숙집 같은 분위기였다. 큰아이를 낳고 아래층 주인댁보다 우리 이층집 식구가 훨씬 많으니 주인댁에 제일 미안하고 부담스러운 일은 1층 현관 입구에 있는 화장실 사용 문제였다. 다행히도 주인댁의 아주머니나 아저씨가 마음이 좋으셔서 내색 한 번 하지 않았으나, 더 이상 미안함과 불편함을 감출 수 없어 이사를 결정한 것이다. 동생과 처남이 덕진에 있는 전북대학교 입학을 한 터라 될 수 있는 대로 대학 근처로 가까이 가기로 했다. 아울러 방이 여럿인 주택을 찾아보기로 했다. 금암동 일대를 수소문하고 복덕방을 거치는 동안 금암동 145번지 비탈진 골목의 맨 끄트머리, 대문도 문패도 없는 방 4개짜리 독채를 얻어 이사를 했다. 집 뒤로 골목을 따라온 길 꼬리가 이십여 미터를 기어오르다 보면 전 KBS 전주방송국으로 들어가는 입구가 나오고, 우측으로는 금암도서관이 새로운 건물로 웅장하게 서 있었다. 이삿짐은 모래내 시장 쪽에서 올라오는 골목길이 좁아 이삿짐 용달차가 들어올 수 없어 금암 로터리에서 금암 아파트를 돌아 도서관으로 올라오는 길을 택했다. 말하자면 집 뒤 언덕에서 이삿짐을 온 식구가 손으로 메어 날랐다. 장롱이고 책상이고 이불이며 옷가지까지 비탈을 오르내리며 짐을 날랐다. 좁은 마당을 들어서면 좌측으로 두어 평 정도 되는 수돗가가 있고 수돗가에서 곧바로 부엌으로 이어지는 구조였다. 방이 많아 좋기는 하였으나 방이 많을수록 연탄 아궁이도 많아 매일 연탄을 갈고 아침마다 연탄재를 버리는 일이 추가되었다. 골목이 비좁고 비탈이 심해 연탄재를 수거하는 청소부 아저씨의 손수레가 올라올 수 없었다. 아침마다 딸랑딸랑 청소부 아저씨의 종소리가 들리면 곧바로 비료 포대에 연탄재를 안고 삼십여 미터를 뛰어 내려갔다. 아침마다 연탄재를 버리는 일은 오로지 가장인 나의 몫이었다. 설상가상으로 옆집에 중년의 부부가 살았는데 사흘이 멀다 부부싸움이 잦았다. 듣기 힘든 남자의 고함과 막말이 날아가고 여자의 앙칼진 목소리와 비명이 한 치의 양보도 없이 맞받아쳤다. 그런 날이면 솜으로 귀를 틀어막고서야 겨우 잠을 잘 수 있었다. 그 와중에 근무지인 진안으로 원거리 출퇴근을 해야 하는 처지였다. 모래내에서 버스를 타고 진안으로 통근을 1년 정도 하고 있었다. 그 해 연말이 다가오면서 일도 많아졌을 뿐 아니라, 집에서 회사로 오가는 시간도 많이 소요되고 피곤하다는 명분과 승진 시험 준비한다는 핑계로 진안에서 방을 한 칸 얻어 주말만 집을 오가며 별도의 생활을 하고 있었다. 그러던 중 아내는 둘째를 임신하여 배가 불러오고 출산을 앞두고 있었다. 겨울이 채 가시지 않은 이월 초순이었다. 아랫집 할머니께서 회사로 전화가 걸려 왔다. 아내가 둘째를 낳았다는 소식이었다. 퇴근하고 집에 돌아와 보니 장모님이 익산에서 버스를 타고 부랴부랴 달려와 아내를 돌보고 있었다. 아내는 병원 갈 겨를도 없이 출산이 임

박해지자 본인이 손수 출산 준비를 하고 분만을 했다. 갑자기 아기 울음소리가 들리는지라 아랫집 할머니께서 달려오셔서 도와주셨고 익산 장모님과 진안 회사로 전화를 넣어 주신 것이다. 아내에게 죄인처럼 미안한 생각이 들었다. 얼마나 두렵고 무서웠을까 하는 생각을 하면서도 손수 물을 끓여 가위를 소독하고 손수 탯줄을 자르고 했던 아내가 담대하다는 생각마저 들었다. 이렇게 태어난 둘째는 마냥 껌딱지처럼 엄마를 붙어 다녔다. 한시도 엄마를 떨어지지 않으려 했다. 모래내 시장을 다녀올라치면 출산 전에는 큰애를 등에 태중의 둘째는 앞으로 안고 시장바구니를 들고 비탈을 오르내렸다. 둘째가 태어나자 이제는 둘째를 업고 큰아이의 손을 잡고 시장길을 다녔다. 올라오는 비탈길이 힘들다고 큰아이가 떼를 쓰면 큰애를 업고 작은 애를 앞으로 메고 장바구니를 양손에 들고 비탈을 올랐다. 함께 사는 식구가 많아 수돗가에서 손으로 빨래 한 다음 짤순이로 물기를 대충 털어내 빨랫줄에 널어 말렸다. 대문이 없는 길갓집이다 보니 어떤 날은 바지가 사라지는 일도 있고 저고리가 없어지는 일도 있었다. 대문이 없는 골목 외딴집이라 생기는 불상사였다. 어떤 날은 술 한잔 걸친 나그네가 문간방에 들어와 자기 집 인양 방에 들어와 자고 가는 일도 있었다. 그럴 때면 아내는 아랫집 할머니를 대동해 내보내고는 했다. 그 옛집에서의 기억 중에 아프고 고단한 기억만이 있는 것은 아니었다. 유월이 시작될 무렵 대문을 들어서면 붉은 덩굴장미가 앞 담벼락을 화사하게 밝히고 있었다. 지금까지도 그처럼 탐스럽고 화려한 장미 그림을 본 적이 없다. 마치 퇴근길 고단함을 씻어 주는 듯 피로해소제 같은 거였다.

　기억을 더듬어 주변을 살펴본다. 행여 옛 기억 속 흔적이라도 찾을 수 있을까 하는 기대에서다. 골목이 막히고 집터만 남아있다. 너무 경사가 가파르게 되어 있어 오래된 낡은 주택이 헐리고 손바닥만 한 공터로 남아 누군가의 텃밭처럼 남아있다. 내 생애에 단독주택을 통째로 전세로 살아 본 유일한 기억이여기 있다. 고단했던 젊은 날의 기억이지만 사십여 년이 지난 지금도 잊히지 않고 그립도록 생각나는 것은 무슨 까닭일까? 가정을 이루고 이삿짐을 옮긴 횟수가 여덟 번이다. 그 많은 전셋집 중에서 유독 금암동 145번지가 기억 속에 생생하게 남아있다. 힘들고 고단한 생의 모서리가 숨겨져 있기라도 한 것일까. 아직도 기억 속에 잊히지 않고 살아 있다면 그 시간이 소중하고 아름다운 추억으로 새겨져 있다는 의미일 것이다. 옛 생각에 잠겨 본다. 꽃같이 예쁜 아내가 두 아이와 함께 환히 웃고 있다.

김장

서리가 내리고 추위가 곧 닥칠 거라는 예보가 뜨면서 주부들의 마음이 바빠졌다. 산골 마을의 김장은 가까운 이웃들과 늘 품앗이다. 가을걷이를 끝내고 소설과 대설 사이 겨울과 봄에 먹을 김치를 준비하는 꼬박 3일이 걸리는 연중행사다. 옛 어른들이 방안에 쌀가마니 있고, 모퉁이 나뭇가리 한 채와 김장김치 있으면 겨울 한철 나기는 아무 걱정도 없다고 말했다. 김장은 그만큼 겨울을 준비하는 필수 과정이었다. 김장은 마을 이웃 아녀자들이 서로의 일손을 돕는 품앗이였고. 김장 날에는 객지에 있는 자녀들까지 한자리에 모일 기회를 마련해 주었다.

입동을 넘어서자 형님댁에서 김장날짜를 택하여 일정을 조정하라는 칠 남매 단톡방에 기별이 왔다. 김장은 삼일을 꼬박 채운다. 요즘은 김장김치를 구매하거나 절임 배추를 사서 버무려 담기만 하는 간편한 방법을 택하는 경우가 많지만, 전통을 고집하는 우리 집안은 모두 모여 함께 김장한다. 그래서 날을 별도로 받아야 한다. 첫날은 김장에 사용할 무와 배추를 뽑고 양념에 사용할 양념 재료를 준비한다. 다음 날에는 배추를 쪼개고 소금물에 배추를 절이고 고춧가루, 마늘, 생강, 액젓 등 김장에 들어갈 양념을 준비하고 마지막 날은 배추를 버무리는 일정이다. 김장에 필요한 재료는 젓갈을 제외하고 모두 큰집인 형님 내외가 직접 재배하고 준비한다. 여느 해처럼 지난해 사용했던 김치 통을 깨끗이 씻어서 물기를 빼고 집을 나선다. 첫날의 준비는 형님과 형수님이 다 준비해 놓으셨다. 이젠 양념을 준비해야 할 차례다. 슈퍼마켓에서 다듬어진 것을 사면 간단할 일인데도 굳이 텃밭에서 가꾸고 기른 것을 쓴다. 양념 양도 상당하다. 놀고 있는 땅도 많은데 왜 헛돈을 쓰냐는 것이다. 모처럼 모인 고향 집은 칼질하는 도마소리와 여자들의 새살이 가득 채운다. 밤이 깊도록 비좁은 시골집은 그동안 밀렸던 근황들을 나누느라 쉽게 잠들지 못한다.

  이른 아침부터 주방이 소란스럽다. 아침을 준비하는 모양이다. 형님이 먼저 일어나 밤새 소금물에 담가두었던 배추를 건진다. 빳빳했던 배추 줄기며 이파리가 숨이 죽어 야들야들해졌다. 두 번이나 물을 갈아가며 헹굼을 마친 배추가 노란 플라스틱 상자에 차곡차곡 담긴다. 이런 날은 날씨도 한몫한다. 공기는 싸늘하지만, 볕살이 좋아

하우스 덕을 보지 않아도 될 성싶다. 창고를 바람막이로 등지고 볕이 잘 드는 쪽으로 터를 잡는다. 지난해까지만 해도 포장을 깔고 비닐하우스에서 빙 둘러앉아 양념을 버무리느라 몸이 힘들었다. 경험해 보니 허리가 아프고 다리도 저려서 올해는 허리 높이로 서서 할 수 있는 김장 작업대를 만들기로 했다. 사과 플라스틱 상자를 2단으로 겹쳐 싸고 그 위에 깨끗한 포장을 두른 다음, 그 위에 깨끗한 비닐을 두 겹으로 씌워 작업대를 만들었다. 전주와 서울에 사는 남매 부부들이 김치가 담길 김치 통을 들고 속속 도착한다. 야들야들한 배추 사이마다 양념 속을 골고루 바른다. 여자들의 새살이 길게 이어진다. 모처럼 만나 안부도 묻고 가정마다 쌓여있는 이야기를 쏟아내느라 시간 가는 줄 모른다.

   김장 날에 빠질 수 없는 별미가 수육 보쌈이다. 불땀 좋은 가마솥을 걸고 푹 삶아 낸 돼지고기 수육에서 김이 모락모락 오른다. 육즙이 살아 있어 부드러운 고깃살에 김장 김치 한 가닥 걸치고 한입 가득 씹는 그 맛이야말로 쉽게 맛볼 수 없는 맛이다. 사람 손이 무섭다고 산더미 같이 쌓였던 배추며 함지박 한 통 가득했던 양념도 바닥을 드러낸다. 마지막 뒷정리가 끝나고 김장 김치를 실은 차들이 골목을 빠져나간다.

   김장으로 한 바탕 시끌벅적했던 고향 집이 갑자기 조용해졌다. 아직도 떠나지 못한 가족들의 웃음과 새살이 여운으로 온기처럼 남아 있다. 김장으로 이어지는 가족이라는 핏줄 사이에 느낄 수 있는 끈끈한 정이 이렇게 좋은 것인가 싶다. 옛말에 멀리 있으면 가까이 사는 이웃사촌보다 못하다는 말이 있다. 정이란 자주 보고 만나고 음식을 나누고 함께 하면 더 돈독해지는가 보다. 같은 김장김치일지라도 가족이 함께 모여 핏줄의 정이란 양념을 한 가지 더했으니 이번 겨울 김장김치는 익어갈수록 그 맛이 더 할 것 같다.

꿈을 짓다

 봉동읍 신성리 362-4번지, 거기에 아들이 새로 지어 이사한 집이 있다. 층고가 이층 규모로 높아 시원하게 들판이 바라다보이는 곳, 아들 가족이 새로 지어 사는 전원주택이다. 커튼을 열면 해가 돋는 동쪽으로 종남산이 한눈에 들어오고 뒤로는 아이들의 재잘거림이 들려오는 봉송 초등학교가 있다. 주변으로는 논밭이 들판을 이루고 있다. 논에는 벼들이 초록으로 여름을 식히고 밭에는 양파와 대파 수확이 한창이다. 삼백 평 남짓한 텃밭에는 십여 년 남짓한 감나무가 그늘을 만들며 몸피를 불려가고 있다. 마을 골목을 돌아서 강둑길에 서면 봉동천이 시원한 강바람을 선물해 준다. 고산천에서 시작한 물길이 소양천과 수계를 합치며 익산과 군산의 옥토를 적시는 만경강이 들녘평야의 젖줄로 흐른다.

아들은 가정을 꾸리면서 줄곧 귀촌을 꿈꾸고 있었다. 일 년 전부터 전주 근교를 돌면서 조건에 맞는 택지를 물색하고 있었다. 아이들의 학교와 어린이집이 10분 거리에 있고 아들의 회사 출퇴근 거리 그리고 조그만 텃밭을 가꿀 수 있는 오백여 평 남짓한 전원택지를 구하고 있었다. 그러던 중 현재의 신성리 362-4번지가 눈에 꽂혔다. 이 집터는 전 주인이 원거리를 오가며 감나무를 심어 경작하는 과수원이었다. 조그만 관정도 하나 파서 가뭄도 잘 대처할 수 있도록 준비해 두고 있었다. 첫눈에 마음에 쏙 들었는지 아들은 땅을 곧바로 계약하고 자신이 꿈꾸고 있던 주택을 설계하기 시작했다. 도시조경 분야에 일하는 터라 기본적인 설계를 하고 세밀한 부분은 전문 전원주택 설계사에게 맡겨 보완하는 과정을 거치기로 했다. 광주까지 발품을 팔아가며 여러 번의 수정을 거친 후 설계를 마쳤다. 거실은 넓고 천정을 높게 그리고 아이들 놀이터 겸 다락을 이층에 들이고 집 주변으로는 꽃과 조경수로 꾸미기로 했다. 자재도 가능한 한 친환경 자재를 이용해 짓기로 했다. 터를 파고 기초를 놓고 건축해 나갔다. 출퇴근 후 쉬지 않고 현장을 오가면서 공사관계자들과 상의하고 직접 자재를 샀다. 이렇게 춘삼월에 시작된 건축이 하지 무렵에야 끝이 났다. 건축은 마무리하였지만, 주변을 정리하고 다듬는 일은 끝이 없었다. 마당 주변으로 잔디를 입히고 화단과 텃밭을 만들었다. 화단에는 봄에서 가을까지 피고 지는 다양한 꽃을 심고 텃밭에는 상치와 고추 호박을 심었다. 눈코 뜰 새 없이 시간이 흐르고 계절이 바뛰는 동안 감나무에는 잎이 돋고 별꽃 같은 감꽃이 한 차례 피고 졌다. 오월이 되자 꽃진 자리에는 앙증맞은 감이 열매를 맺더니 하루가 다르게 크기를 더하고 있다.

아들 내외가 전원에 지은 주택은 그들의 꿈을 건축으로 담아 놓은 것이다. 아이들이 마음껏 흙과 자연에서 뛰놀고 풀들과 꽃, 그리고 새와 벌레를 친구삼아 유년의 추억을 만들어 주고 싶은 것이다. 아들 내외가 선택한 귀촌의 꿈을 이룬 것이다. 마당과 텃밭에서 아이들이 농부의 밀짚모자를 쓰고 여치나 지렁이 사마귀와 친구가 되고, 고사리 같은 손으로 매미채를 휘두르며 나비나 잠자리를 쫓는 것을 보면 보는 것만으로도 행복하다. 아들 내외는 내일보다 오늘 하루 주어진 시간을 더 소중하게 생각하고 즐기고 있는지도 모른다. 이 둥지에서 젊은 부부와 개구쟁이 손주 하랑이 하늘이의 꿈이 감나무처럼 푸르게 커 가기를 꿈꾸어 본다. 오늘은 아이들의 창가 감나무에 서천 여행길에서 사 온 새집 하나 걸어둘 생각이다. 아침마다 맑은 새소리가 상쾌하고 싱그러운 행복을 물고 오리라 꿈꾸어 본다.

남겨진 것을 사랑해야지

 돈 많은 사람이 부러울 때가 있었다. 아니, 지금도 돈이 좀 많았으면 좋겠다. 자녀가 공부를 잘해서 좋은 대학 잘 나가는 학과에 들어가는 걸 욕심낸 적 있었다. 음치인 내가 싫어 노래 잘하는 친구를 부러워한 적도 있었다. 자녀들이 공부 잘해서 서울에 있는 명문대학 가기를 욕심내 본 적도 있었다. 하지만, 그건 비현실적인 바램이었고 이상적인 꿈에 불과했다. 결론은 내 것이 될 수 없는 것들이었기 때문이다. 젊은 날 남들보다 더 좋은 위치에 더 높은 자리에 더 많은 물질적 풍요를 위해 앞을 향해 달려가던 시절이 있었다. 지금은 정상의 신기루 같은 꿈과 목표를 위해 노력했던 시간을 뒤로 하고 반환점을 돌아 산 내려오는 중이다. 그러다 보니 무엇이 소중하고 남은 생의 우선순위가 무엇인지 헤아려 보고 멈추어 서는 시간이 많아지고 있다.

　아주 오래전 서울 갔던 고향 친구 하나가 다시 귀향하여 마을로 돌아왔다. 결론부터 말하자면 상경할 때도 빈손이었지만, 귀향할 때도 역시 빈손이었다. 가지고 온 곳은 하얘진 머리칼과 눈에 띄게 많아진 얼굴과 손등의 주름이었다. 친구는 어린 시절 가난을 벗어나 보고 싶어 제대로 학업을 채워보지도 못하고 맨몸으로 상경을 결심했다. 스무 살 갓 넘은 시절 서울에서 그 친구를 만나 하룻밤을 같이 잔 적이 있다. 이발소 머리 감아주는 허드렛일부터 시작한 친구는 한 때는 방범초소에서 낮과 밤을 구분 없이 일하기도 했고, 달동네 문간방에서 새우잠을 자면서 영업사원으로 골목을 누비며 꿈을 키우고 돈을 벌었다. 그러다가 마흔 무렵에는 제법 규모 있는 슈퍼마켓을 운영하면서 사업가의 꿈을 키워나갔고, 중년을 넘어서는 서울역 뒤편에서 수제구두공장을 운영하며 기업가로서의 꿈을 키웠다. 그러나 운명의 여신은 끝내 친구를 외면하고 말았다. 금융위기가 닥치면서 자금조달이 어려워지자 폐업을 결정하게 되었고, 결국 기업가로서의 꿈을 접고 낙향하고 말았다. 그 후 고향에 돌아온 친구는 늙은 홀어머니를 모시고 조그만 양봉 농사를 하며 일상의 여유와 소소함을 즐기고 있다.
　한 번은 기업을 경영하는 지인이 교통사고를 당하여 두 다리를 잃고 절망 가운데 있는 그를 위로하기 위하여 병원을 찾은 적이 있다.

그분은 젊음을 불태워 기업을 일구고 재산도 남부럽지 않게 모으고 많은 표창도 받아 주위의 부러움을 샀던 사람이었다. 그런데 원치 않는 사고로 두 다리를 잃는 불행을 마주한 것이다. 그가 병상에서의 한 마디가 지금도 기억에 생생하다. "사고 전의 건강한 두 다리를 돌려받을 수 있다면 나의 전 재산을 다 주고도 바꾸겠노라"고 한 말을 잊을 수가 없다. 당연하게 그리고 내 신체의 부분이라고 단순하게 여겼던 두 다리를 한순간에 잃고 난 뒤의 고백이다. 건강이나 친구를 잃거나 떠나보낸 뒤에야 그것의 소중함을 안다고들 한다. 소유의 넉넉함보다 세상의 이름이나 명예보다 나와 함께 있는 이 작고 소소한 것이 더 소중하다는 증거이다.

이순을 넘으면서 불행은 남과 비교하면서 시작된다는 것을 알았다. 누구나 남의 떡이 커 보일 때가 있다. 조심해야 한다는 경고장이다. 대개 비교할 때는 자신보다 더 나은 환경이나 더 많은 소유 아니면 소위, 잘 나간다고 하는 이들과 비교하게 된다. 자녀의 성적이나 직업뿐만 아니라 성격까지도 남들과 비교하며 부러워하고 때로는 열등의식을 느끼고는 한다. 자녀의 장점이나 강점은 찾아내지 못하고 남들과 비교해서 부족하고 비교하위에 있는 것들만 단점으로 눈에 들어온다. 이러한 자성이 일게 되는 것이 한 갑자를 돌아서는 시기쯤 아닌가 싶다. 앞만 보고 달려가는 시기에는 크고 높고 돈만 보이지만, 은퇴 이후에는 목표도 꿈도 많이 사그라들기 마련이다. 주변도 둘러보고 뒤도 돌아볼 수 있는 시간적 마음의 여유가 생긴다.

이때 젊은 시절엔 보이지 않고 지나쳤던 것들이 보이게 된다. 어렵고 힘들게 살아가는 이웃이 보이고 고통과 절망 가운데 살아가는 사람도 본다. 나보다 훨씬 가진 것도 적고 힘들고 부족한 환경에서 살아가는 주변을 종종 만나 볼 수 있다. 그럴 때마다 다시 생각하게 되는 것이 그 사람에 비하면 나는 얼마나 가진 것이 많고 호강스럽게 살고 있는가 하는 미안함마저 들 때가 있다.

    내가 세상의 중심이고 나 없는 세상은 아무 의미가 없다. 자신이 주인공이다. 내 곁을 떠나거나 잃어버린 것들은 더 이상 내 것이 아니다. 지금이 중요하고 오늘이 소중하듯이 나에게 남겨진 것이 소중하다. 아주 소소한 일상이라도 나에게 남겨진 것이 나이고, 남아 있는 것들이 소중한 것 아닌가. 나에게 남겨진 것을 사랑해야겠다. 바깥에 보이는 것들과 세상 유혹에 휘둘리지 않는 내 안에 견고한 지지대 하나 세워 두어야겠다. 친구의 말처럼 가진 것 별로 없지만, 좋은 친구가 있고 초라한 내 모습까지도 따뜻하게 반겨 주는 고향이 있을 뿐 아니라, 이렇게 사지가 멀쩡하니 살아 있으니 더 이상 바랄 게 있느냐며 반문하는 친구의 얼굴이 오늘따라 더 행복해 보인다.

남이 부럽지 않은 이유

'부러우면 진다' 했다. 이상한 일이지만 나는 별로 부러워할 것도 없고 원망할 일도 별로 없다. 일상도 남과 별반 다르지 않고 평범하다. 특별한 일 없으면 우리 가족은 가까이에서 사는 아들 가정과 주 1회 정도는 저녁을 같이 먹는다. 대부분 주일 예배 마치고 저녁은 우리 집에서 함께 하는 편이다. 항상 집밥은 아니다. 가끔은 외식도 하는 편이다. 식사를 하면서 한 주간 삶의 영역에서 일어난 크고 작은 일상을 나눌 수 있는 시간이다. 근처 사는 아들은 몇 해 전부터 조그만 조경 설계 회사에서 일하고 있다. 결혼해서 아이 둘을 낳고 소박한 가정을 꾸려가고 있다. 요샛말로 애국자다. 경제적으로는 저축할 여력이 거의 없는 박봉 셀러리맨이다. 그렇지만 아들 내외는 한 번도 자신의 처지나 형편에 대하여 궁색한 말이나 불평을 말하거나 세상이 불공평하다고 말한 적이 없다. 표정도 늘 밝고 얼굴에 웃음기가 떠나지 않는다.

지난 연말쯤 저녁 자리였다. 아들 고등학교 동창 친구들과 연말모임이 있었던 이야기를 들려준다. 친구 중에는 의사도 있고 대기업 중견간부도 있고 사업을 하는 친구들이 몇몇 있다고 했다. 서울의 모 병원에서 소속 월급의사로 일하고 있는 친구를 소개하면서 월평균 2천만 원 정도의 보수를 받는다 한다. 또 다른 친구는 졸업하고 곧장 삼성그룹에 입사해서 지금은 중견 간부가 되었다고 한다. 고시에 합격하여 중앙부처 과장으로 일하는 친구도 있다 했다. 아들은 서울에 있는 명문대를 입학하고도 졸업장을 받아보지 못하고 중도에 그만둔 지우고 싶은 기억과 상처가 많은 청년이다. 그 이면에는 두말할 것도 없이 우여곡절과 사연이 무수히 많았다. 10여 년의 방황 끝에 아들은 제 자리로 돌아왔지만, 그 사이 대학 동기들은 10년을 앞서가고 있었다. 그런 친구들과 대학 입학 동기라는 인연으로 아들은 지금까지 모임을 같이 하고 있다. 아버지인 입장에서 때로는 그런 아들이 속도 없고 자존심도 없는 사람처럼 느껴질 때가 많았다. 상처가 될까 봐 말은 안 했지만, 그런 친구들의 모습을 보면서 더 오기차게 노력해서 돈을 많이 벌든가 아니면 사회적 지위를 갖춰 가야지 하는 속물적 욕심을 은근하게 가져 본 적이 있었다.

이야기를 마무리하면서 아들이 이런 고백을 한다. 삼십 대의 젊은 나이 때는 돈을 많이 받고 대기업 간부로 있는 친구들이 그리도 부러웠다는 것이다. 그런데 " 아빠, 저는 지금은 세상에 부러워할 것이 없어요. 전에는 돈 잘 버는 의사 친구나 대기업 간부 친구가 부러웠는데 지금은 전혀 부럽지 않아요."라고 말을 한다. 그리고는 그 친구들에게 이렇게 말했다는 것이다. 결혼은 꼭 해야 한다고 그리고 아이를 꼭 낳아 보라고 적극적으로 권했다는 것이다.

뜬금없이 그 소리를 듣고 나니 이유가 궁금해졌다. 아들은 지난날에 대한 자책도 후회도 많이 했을 것이다. 가난한 자신의 처지를 두고는 모두가 성공했다고 말하는 돈 잘 버는 의사 친구, 그리고 사회적으로 출세했노라 할 수 있는 대기업 간부 친구가 부러웠을 텐데, 반면에 자신의 처지가 초라해 보였을 때도 많았을 것이다. 그런 아들의 입장을 헤아려 준다고 아버지인 나도 아들의 그런 예민한 부분들을 건드리지 않으려고 '나이 들어보니 그런 것들 다 별거 아니더라'라며 에둘러 말꼬리를 돌리기도 했었다. 이야기를 들으면서 아들에 대한 그간의 내 생각은 크게 빗나가고 있었다는 것을 알게 되었다. 무거운 짐을 내려놓은 듯 머릿속이 맑아지고 가벼워졌다. 아들은 자신에게 돈보다 명예보다 더 소중하고 가치 있는 것이 무엇인지 찾아낸 것이다. 그건 사람이었고 그중에서도 가족이고 사랑이었다. 가족 사이에 느끼는 기쁨과 사랑이 세상 성공의 잣대가 되어버린 돈과 명예를 뒷전으로 밀어낸 것이다.

돈과 명예라는 욕심과 욕망 때문에 한순간에 인생이 망가지고 죄인이 되는 실패 사례를 주변에서 어렵지 않게 볼 수 있다. 옛말에 '가진 것이 많으면 짊어져야 할 짐도 무겁다'라는 말이 있다. 가볍고 소소한 일상에서 가까운 곳에서 감사해야 할 제목을 발견하고 기쁨을 누리는 일이 행복임을 생각하게 한다. 행복은 먼 곳에 있는 것이 아니고 내 안에 숨겨져 있는 것이라 하는데, 그 행복을 찾아내어 깨워 보아야겠다. 거기에서 감사와 기쁨을 맛볼 수만 있다면 세상을 이긴 자가 아니겠는가. 누가 부럽겠는가. 오늘따라 아들이 더 듬직해 보인다. 세상이 주는 유혹과 바람에도 흔들리지 않는 견고한 중심을 보고 있는 듯하다. 아직도 종종 세상 욕망과 부러움에 질질 끌려 사는 연약한 나를 들여다본다. 아들이 더 커 보인다. 행복한 저녁이다.

내 영혼의 샴페인

감사 일기를 시작하게 된 계기가 있었다. 지난 8월 하순 무렵 포항 출장 일정에서 하루를 묵고 형산강 아침 산책길이었다. 평소 애청하는 극동방송에서 어느 목사님의 설교 중 인용된 마이크 메이슨의 '내 영혼의 샴페인'이란 책을 소개한 적이 있었다. 그 책 속에서 "기쁨은 근육과도 같아서 쓰면 쓸수록 강해지고 쓰지 않으면 금방 위축되고 만다."라는 구절에 내 영혼의 귀에 박히고 말았다. 그래서 시작한 감사 일기 90일 도전 지금까지 이어오고 있는 계기가 되고 말았다.

그 책을 꼭 한번 읽어 보리라 마음먹고 세종시에 사는 딸에게 구매요청 메시지를 보냈다. 아무래도 인터넷에 새로운 계정을 만들고 싶지 않아 딸에게 부탁했다. 이튿날 딸이 검색해 보고 바로 구매하여 택배로 보내왔다. 열어보니 제목이 '예수는 믿는데 기쁨이 없어서'로 바뀌어 있었다. 그리고 제목 아래에 자그마하게 〈90일 기쁨 프로젝트〉라는 소제목이 붙어 있었다.

　도착하자마자 하루에 다 독파해 보리라 마음먹었던 책이 사흘째 접어들고 있다. 오늘은 다른 일을 제쳐 두고 마무리 지으리라 생각했다. 출근하자마자 별다른 일정이 없어서 책상머리에 앉자마자 읽다 만 페이지를 열었다. 나는 책을 읽으면 감동이 있거나 중요한 줄거리를 정리해 보는 습관이 있다. 그렇게 하지 않으면 책의 내용이 가물가물하기도 하고, 언제 읽었는지 기억도 나지 않는다. 그리고 다시 한번 읽어 보아야 하는데 그게 그리 쉬운 일이 아니기 때문이다. 내용을 함축해서 정리해 두면 정리된 내용만 보아도 그 내용과 느낌을 다시 한번 맛볼 수 있는 장점을 경험해 본 후로 습관처럼 해오고 있다. 자신이 좋은 습관이라 생각하고 계속하고 있는 일이다. 책의 내용은 행복은 무엇이고 어디에서 오는가? 그리고 행복을 만드는 기쁨의 원천은 무엇인가? 무엇이 기쁨을 얻는 데 걸림돌이 되는가? 기쁨과 기도와 감사는 어떻게 어떤 형태로 동행하는가? 등등의 다양한 질문에 답을 제시하고 있었다. 결론은 행복, 감사, 기쁨, 고통과 인내 이 모든 것이 예수 그리스도 안에서 성령과 사랑이란 큰 테두리에서 각각이 아닌 한 몸으로 존재하고 연결되어 나타나고 있다는 사실이었다.

　지난 40대 젊은 시절에 내 인생을 통으로 바꿔 준 계기가 된 '불평 없이 살아보기'란 책이 있었다. 불평 없이 한 달 살아보기를 시험해 보는 내용이었는데 몇 번의 실패 끝에 겨우 그 문을 통과할 수 있었다. 그 후로 나의 삶에서 불평과 불만이 자신도 모르게 현저하게 줄어들고 있었음을 알았다. 사람이기에 전혀 없을 수는 없지만, 내면에서 잠재우고 밖으로 표현하지 않을 정도로 엄청난 변화를 가져왔다. 지금은 불평을 말하는 사람과 같은 자리에 있는 것만으로도 나 자신이 불편하여 견딜 수가 없다. 이러한 불평과 불만이 삶 속에서 사라지면서 나도 모르게 긍정적인 사람, 꿈꾸는 사람, 도전하는 사람으로 변화해 갔다. 불평 없이 살 수 있는 사람 현실적으로 가능하지 않을 수 있으나, 내면의 불편함과 불평을 최소한 밖으로 표현하지 않는 사람이라면 그는 긍정의 에너지를 가진 사람이다. 긍정적인 사람은 두려움과 염려가 없는 사람이다. 도전할 수 있는 사람이다. 아니 도전을 즐길 줄 아는 사람이다. 발전할 수 있는 사람이다. 더 성숙한 인격적 경지로 올라설 수 있는 사람이다. 그는 종국적으로 성공의 에너지를 가진 사람이다. 거기에 겸손과 절제를 동반할 수 있다면 더할 나위가 없을 것이다.

이제는 따뜻한 사람으로 나아가려 한다. 마음이 따뜻한 자, 용서할 줄 아는 사람, 남을 긍휼히 여길 줄 아는 사람, 나의 유익보다 다른 사람의 유익을 위하여 내 마음의 자리를 내 줄 수 있는 사람. 그 길이 내 자아가 가야 할 길이다. 아직 시작한 지 사십여 일 지났지만, 〈90일 기쁨 프로젝트〉를 성공적으로 마칠 수 있다면 나의 인생은 또 다른 변화 속에서 한 단계 더 성숙한 자리에 가 있을 것임을 확신한다.

　기쁨은 하나님 성품의 한 단면이다. 기쁨의 강물은 변함없이 늘 흐르고 있다. 우리가 발견하지 못했을 뿐이다. 그러하기에 우리는 그 기쁨의 강을 찾아내고 그 강물에 뛰어들기만 하면 되는 일이다. 기쁨으로 사는 삶은 내일에 대한 두려움과 염려가 아니라 믿음과 기대의 확신을 두고 사는 것이다. 하나님 기뻐하시는 일에 동참하면 그 분께서 우리를 기쁨이란 강물에서 마음껏 헤엄치게 하실 것이다. 저녁 노을이 아름다운 것처럼 나는 이 기쁨이란 영혼의 샴페인을 날마다 터뜨려 기쁨이 차려내는 천국 문을 향하여 쉼 없이 달려갈 것이다.

너 때문에 내가 웃는다

내리사랑이라 했던가. 치사랑이 없다는 것이 아니라 내리사랑이 더 크다는 말이겠다. 네 살을 갓 넘어선 큰손주가 별로 웃을 일이 없는 요즈음 나를 웃게 하는 제일 큰 활력소다. 이름도 하랑이다. 손주 이름을 부르면 해 맑은 풀잎에 아침이슬이 또르르 구르는 것 같기도 하고 산 메아리치듯 하랑하랑 여운이 귓전에 남는다.

하랑이를 우리 가정에 선물로 보내신 것은 이른 봄날이었다. 아들 내외가 꿈 날 같은 신혼에 첫 아이를 유산하고 힘들어했던 시절, 태 중에 새 생명을 허락하셨다. 날이 갈수록 외모나 하는 행동이 아들과 너무나도 닮아서 하랑이를 보고 있으면 아들의 아기 시절이 생각나 저절로 웃음이 번지고는 했다. 체격이나 키는 또래의 아이들보다 빠른 편이었으나, 두 돌이 지나서도 또래의 친구들에 비해서 말을 익히는데 유난히 늦었다. 살짝 걱정스러움이 있었으나 그렇다고 내색할 수도 없는 일이었다. 아들 내외가 둘째를 출산하면서부터는 하랑이는 어린이집에 보내졌다. 친구가 생기고 재미가 붙으면서 말문이 터지기 시작했다. 하루가 다르게 말솜씨가 늘고 표현력이 늘어갔다. 거기에 이제는 자기의 생각을 담고 판단도 더하기 시작했다. 아이들이 누군가 어떤 일을 잘하거나 자주 하면 ~박사란 말을 한다. 세종에 있는 사촌 동생이 소변을 못 가려 오줌이 자주 마려우면 엄마에게 쉬~ 쉬~ 라며 도움을 청한다. 이것을 본 하랑이가 쉬박사네~ 쉬박사네~ 라며 놀리고는 한다. 어른들이 웃음보가 터졌다. 어디서 그런 말을 들어서~ 하면서 한참을 웃었다.

　하랑이를 데리고 시골 가는 재미가 쏠쏠하다. 하랑이에게 시골은 놀잇감이 지천으로 널려 있는 놀이 천국이다. 사과가 탐스럽게 커가고 과수원 풀 섶을 메뚜기나 방아깨비가 팔딱거리고 뛰놀면 그들과 한바탕 친구가 된다. 논이나 물가에는 개구리가 지천이다. 그중에서도 작은 청개구리를 좋아한다. 벼 이삭이 고개를 숙이기 시작하고 하늘이 높아질 때면 고추잠자리가 떼를 지어 공중을 맴돈다. 그중에 더러는 마른 가지에 앉아 숨을 고르기도 한다. 맨손으로 잡아보겠다고 술래잡기하는 모습이 안쓰러워 잠자리채를 사서 손에 들려주었다. 이제는 청개구리도 잡아보고 잠자리도 재빠르게 휘둘러 잡아챈다. 채집 요령을 스스로 터득하는 중이다.

어린아이들에게는 하나의 사물에 하나의 뜻만 존재하는 것 같다. 시골에 농장 일을 하면서 쉴 수 있는 여섯 평 오두막이 하나 있다. 하랑이는 이곳을 시골이라 부른다. 주변을 조금만 벗어나도 그곳은 시골이 아니란다. 할아버지가 사는 집과 과수원만 시골이라 우긴다. 우리 내외가 사는 아파트 입구나 아파트 허리쯤에 'DESIAN'(데시앙)이라 아파트 이름이 쓰여 있다. 내가 데시앙이라 하면 하랑이는 아니란다. "할아버지 아니예요" "디이에스아이에이엔 이예요"라며 한 발도 물러서지 않는다. 때로는 난감할 때도 있다.

지난주에는 어린이집에서 가족사진을 가져오라고 했다. 당연히 아들 내외와 하랑이와 하늘이가 함께 찍은 사진을 넣어 보냈다. 그런데 선생님이 전화가 왔다. 할머니 할아버지 사진도 보내 달라는 것이다. 가족사진을 보냈는데 무슨 일이냐고 물으니, 하랑이 하는 말이 할머니 할아버지도 우리 가족이라는 것이다. 선생님이 같이 한집에서 사는 사람들이 가족이라 해도 아니라는 것이다. 할머니 할아버지도 우리 가족이라며 울고불고해서 전화했다는 것이다. 이 사건은 다시 할머니 할아버지 사진을 보내고 나서야 해결이 되었다. 할머니 집에 와서 종종 자고 가는 것이 한 가족이란 생각을 하게 되었을까. 하여간 신통방통할 일이고 기특하게 사랑스러운 일이다.

요즘에는 눈치가 팔 단이다. 할아버지가 하랑이! 누구 강아지? 하면 "할아버지 강아지"라 하고, 할머니가 누구 강아지? 하면 "할머니 강아지"라 하고, 우리 내외가 누구 강아지? 하면 "할머니 할아버지

강아지" 하며 생각과 판단을 더 해 답을 한다.

특히, 할머니 할아버지 사이에서 함께 하는 잠자리를 좋아한다. 아마도 동생에 빼앗긴 엄마 아빠의 소홀해진 사랑의 빈자리를 할머니 할아버지에게서 오롯이 느껴보는 것이리라는 짐작을 해 본다. 주일날 교회에서 예배를 마치면 응당 할머니 할아버지 집에 가는 것이 당연한 일처럼 하랑이는 생각한다.

요즈음 우리 내외에게 껌딱지가 되어 버린 손주가 있어 행복하다. 아내가 가끔 손주 볼을 꼬집으며 '너 때문에 내가 웃는다' 하며 내리사랑을 한껏 보여 준다. 내년쯤에는 하랑이 손에 족대를 들려 시골 냇가에 가서 버들치 잡는 재미를 즐겨 볼 생각이다. 너 때문에 눈가에 자글자글한 주름이 진다 해도 불평 하나 없겠다.

제2부

농부의 행복 / 농사 공부

다 베푼 대로 받는 법이여 / 동반자 / 동진강아, 답해다오

말이 씨가 된다는 말 / 망중한(忙中閑)에 들다

맨발로 걷기 / 못줄 넘어간다 / 물난리

농부의 행복

상강을 기다리기에는 마음이 급했는지 이른 무서리가 내리고 된서리도 두어 차례 내렸다. 수롱골 뒤로 오르는 봉화산에도 불그스레한 단풍이 물들기 시작한다. 솔뫼로 넘어가는 매봉재 은행나무에 노랑 물감이 번지고 있다. 고춧잎도 된서리를 맞아서인지 불을 맞은 듯 까맣게 변하며 처진 어깨를 늘어뜨리고 있다. 듬성듬성 미처 주인의 손길이 닿지 못한 붉은 고추들이 늦가을 햇살 아래 고춧대에 매달려 있다. 동산 밑 비탈진 고구마 이랑에서 온 가족이 모여 고구마를 캐고 있다. 객지에 나가 있는 아들 며느리까지 고향 집 가을걷이에 나선 모양이다. 엊그제만 해도 금빛으로 일렁거리던 오얏재 들판도 고양선이 지나가는 길목도 휑하니 비어 있다. 콤바인이 주야로 며칠 탈탈거리더니 벌써 벼 베기를 마친 모양이다.

고향은 11월을 전후하여 가을 사과 수확이 정점에 이른다. 간식으로 고구마를 삶고 주섬주섬 작업 도구와 간식을 챙겨 아내와 함께 농장을 향한다. 어느 둔덕이나 골짝마다 사과나무가 풍경처럼 심겨 있다. 가을날의 장수는 붉은 사과로 인해 더욱 풍성해진다. 나무 수형은 대부분이 세장 방추형이다. 크리스마스트리처럼 아랫부분은 넓고 위로 오를수록 좁아지면서 안정감이 있어 보이는 원통형 수형이다. 일본에서 도입된 작형이란다. 햇빛을 고르게 받고 좁은 면적에 수고를 높이 하여 생산성을 극대화할 수 있는 경제성 있는 수목 형이다.

지난봄 이상기온으로 냉해를 입은 꽃눈이 아픈 상처를 딛고 꽃을 피워내고 열매를 달았다. 설상가상으로 이상기온과 기상이변으로 역대 최장 장마 기간인 54일의 기나긴 장맛비로 햇빛 부족과 과한 습도로 인한 생육이 아주 어려웠다. 적절한 물과 충분한 햇빛을 통한 탄소동화작용을 통해 땅속의 양분을 흡수하여 지상으로 올려보내야 하는데, 긴 장마로 이 일을 제대로 할 수 없어 사과 생육이 좋지 않다. 거기에 색깔이 드는 시기에 탄저병이 극성을 부리고 긴 장마가 끝나자 불볕더위가 시작되었다. 수분을 많이 머금었던 과일이 뜨거운 햇빛을 받아 꼭지 부분이 갈라지고 터지는 어려움을 겪었다. 그러한 우여곡절을 겪고도 붉은 결실을 본 나무가 자랑스럽고 대견스럽다. 잘 견뎌준 나무가 농부에게는 고맙기 그지없을 뿐이다. 비록 작황과 수확량이 전년보다 턱없이 부족하지만, 그런 어려운 여건 속에서도 이렇게 수확의 기쁨을 주셨으니, 감사하고 또 감사해야 할 일이다.

일 년 농사 중 사람이 할 수 있는 일은 씨를 뿌리고 김을 매고 거두는 일뿐이다. 물론 중간마다 병충해 방제하고 비료와 거름을 주기도 하지만, 싹을 틔우고 잎을 내며 자라게 하시고 열매를 맺게 하는 일은 오직 하나님이 몫이기 때문이다. 한 해 농사에 풍년을 기대했다가 올가을처럼 손에 쥔 수확이 성이 차지 않을지도 모른다. 그러나 홍수로 또는 수해로 터전이나 목숨을 잃기도 하고 주택이 침수되어 큰 어려움을 당한 이들이 많이 있다. 또한 태풍으로 인해 많은 농작물 피해를 본 지역의 농가들이 부지기수로 있지 않은가? 그 사람들의 어려움이나 상처에 비하면 이 정도의 가을걷이를 허락하신 것만 해도 얼마나 다행스러운 일이 아니겠는가?

나무에도 수고했다고 등을 다독거려 준다. 사과에도 여기까지 오느라 고생했노라고 그간의 수고를 위로해 준다. 나무마다 네댓 개씩 까치가 먼저 입맛을 보았는지 콕콕 쪼아놓은 자국이 눈에 띈다. 쪼던 것만 쪼았으면 좋으련만, 하나만 먹어보고 사과 맛을 알 수 있으랴? 이것저것 먹어보아야 제대로 맛을 알 수 있었을 게다. 어차피 흔적이 남아 있는 터이다. 좋은 쪽으로 생각을 둔다. 나무 꼭대기에 남은 사과들, 나무마다 하나씩 남겨두고 가자. 나중에 까치 녀석들에게 인정머리 없는 사람들이란 말은 듣지 말아야 하지 않겠는가.

높은 사다리에 올라앉아 잠시 휴식을 취해 본다. 사과를 하나 따서 한 입 베어 물자 새콤달콤한 사과 향이 입 안을 가득 채운다. 된서리가 두어 번 내려서인지 사과 향이 한껏 깊다. 나무에서 바로 따 먹는 아삭거림도 사각거리는 소리도 농부만이 느낄 수 있는 행복이리라. 덕유산 자락이 한눈에 들어온다, 백화산 둥근 머리가 바로 코앞이다. 장안산 능선도 푸른 가을 하늘에 맞닿아 더 선명하다.

가을날 산촌의 오후는 농부에게는 너무나 짧다. 오후 4시를 조금 넘겼는데 서산머리에 해가 한 뼘밖에 남지 않았다. 서둘러 사과를 들어내고 일의 끝맺음을 해야 한다. 오늘만 날이 아니다. 내일 해야 할 일도 남겨두기로 한다. 지난 추석 명절에 사과 맛이 좋다고 답장을 준 지인들과 고객들 생각이 난다. 나누어 줄 가을 사과도 봉다리 봉다리 챙겨 봐야 하겠다. 가을걷이의 풍성함을 나눌 수 있는 일, 농부만이 오로지 누릴 수 있는 특권 아니겠는가. 괜스레 기분이 좋아진다. 집에 돌아오는 운전대가 가볍다. 트로트 한 곡 틀어본다. 그래 농사꾼은 이런 맛에 사는 거야.

농사 공부

'근본을 잃지 않아야 한다.' '정체성을 잃어버리면 안 된다.'라는 말이 있다. 경력은 10년을 넘었지만, 아직도 초보 농사꾼이다. 고향 오얏재 둔덕 천여 평 남짓 농토에 사과나무를 심었다. 이제는 철철이 해야 할 작업내용도 머릿속에 정렬되어 있고, 나무의 생리나 병해충에 관한 지식도 보통을 넘는다. 어릴 적부터 부모님의 어깨너머로 농사일을 보고 배우며 자라서인지 농사일에 관한 용어나 이름, 그리고 심는 시기나 특성에 관하여 기본은 알고 있다. 쉽게 말하면 농사일에 대한 말귀 정도는 알아들을 수 있다는 뜻이다. 지금은 사과 농사를 하는 전업 농부가 되어 있지만 말이다.

십여 년 전 우연한 기회에 사과 주산지라 할 수 있는 고향 장수에 사과나무를 심게 되는 계기가 있었다. 부모님에게 두어 마지기 땅을 받아 옆 동네 집안 형님의 코치를 받아 무작정 사과나무를 심었다. 사과는 재식 후 3년이 지나야 사과가 열리고 결실을 거둘 수 있는 과일이다. 나무는 어떻게 키우는지, 어떤 비료나 농약을 써야 하는지, 유인은 왜 해야 하는지, 전정은 왜 필요한지 기본 지식도 없었다. 단지 그 형님이 가르쳐 주고 시키는 대로 일을 시작했다. 곁가지를 정리하는 전정도 꽃을 따 주고 열매를 솎아주는 일을 하면서 왜 그리 해야 하는지 궁금했지만, 그는 "내가 하라는 대로만 하면 되는 거야. 농사를 짓다 보면 자연스럽게 알게 될 거야."라며 속 시원한 답을 주지 않았다.

한 해 두 해가 지나고 열매를 맺게 되는 결실기에 이르니 그 형님이 가르쳐 준 작업의 이유와 원리를 거꾸로 터득할 수 있었다. 이러한 식물의 재배 원리를 과학적으로 정립해 놓은 이론을 우리는 재배 기술이라 부르고 있다. 그렇지만, 엄밀히 따져 보면 그 기술은 새로 만들어진 것이 아니고, 사과나무의 속성을 발견하고 그 속성에 맞는 처방을 이해하기 쉽게 체계적으로 정리해 놓은 것뿐이다.

모든 살아있는 것들은 생명을 유지하고 번식시키려는 속성을 가지고 있다. 가뭄이 들면 뿌리를 깊게 뻗어내려 수분을 찾아가고, 병이 들거나 양분이 부족하여 죽어가는 나무나 식물은 꽃을 더 많이 피우고 더 많은 열매를 맺는다. 반면에 관리하지 않고 방치하면 키만 자라고 무성해서 꽃 피우고 열매 맺기를 등한시한다. 그래서 농부는 가지를 인위적으로 수평 유인하여 결과지를 만들어 주는 작업을 한다.

이렇듯이 농사는 작물의 속성을 이해하고 최적의 생육조건을 만들어 주는 일이다. 물론, 이러한 환경을 만들어 주는 대부분은 사람이 할 수 없는 경우가 훨씬 많다. 그것은 비와 바람과 햇빛이 만들어 내고 씨를 뿌리면 자라게 하는 창조주가 만든 자연의 섭리인 셈이다. 그래서 농사는 하나님과의 동업이라 했고, 하나님이 90%를 짓고 내가 할 수 있는 몫은 10%에 불과하다고 한다. 더 중요한 것은 농사 기술이라는 이론적 밑거름도 필요하지만, 농부의 경험이 더 소중하고 유용한 자산이라는 것을 알게 된 사실이다. 한 해 한 해 농사를 지어가면서 작물이나 토양의 속성을 깨우쳐 가는 농사 경험이야말로 농사꾼의 최고의 덕목이라 말할 수 있다.

우리는 농사를 통해서 생명을 가진 작물과 터전이 되는 흙의 속성과 순리를 거스르지 않고 자연과 함께 살아가는 방법을 배우고 터득해 간다. 이 과정에서 우주의 섭리와 자연의 위대함과 그것들을 떠나서는 살 수 없는 연약한 존재임을 인식하게 된다. 현대를 살아가는 우리가 속도와 편리와 효율이라는 첨단 문명에 눈이 멀어 있다. 정작 우리가 지켜가고 보존해 나가야 할 그 소중한 자연과 환경이라는 커다란 두 단어를 잊고 살아가고 있지는 않은지 돌아보아야 할 일이다.

사과가 가을의 붉은 꿈을 향하여 몸피를 불려간다. 탐스러운 가을을 선물하기까지 농부가 고작 한 일은 묘목을 심고 가지를 정리하고 병해충으로부터 지켜 주는 일이다. 탐스럽게 익어가는 사과에게도 지나온 시간이 순탄하기만 했을까? 가뭄과 불볕더위를 견디고 비바람과 태풍에 맞서온 보이지 않는 인고와 연단의 시간이 숨어 있을 것이다. 태풍에 찢겨나간 곁가지에서 다시 새순이 돋고 있다.

다 베푼 대로 받는 법이여

음력 팔월 스무엿새 날은 아흔여섯 하고도 열 달을 살다 가신 할머니 제삿날이다. 구구 팔팔은 아닐지라도 운명하시기 딱 한 달만 식음 전폐하고 누워 계시다가 세상을 떠나셨다. 평소에도 숨소리까지 조용하셨던 분이라 자는 듯이 이승의 삶을 마치셨다. 칠 남매가 다 모이니 생전에 할머니에 관한 이야기로 밤이 깊어가는 줄 모른다. 그중에서도 생일이 같은 날인 여섯째 여동생이 유난히 더 할머니에 대한 기억을 소환하는 중이다.

할머니는 생전에 주민등록 앞자리 숫자가 모두 000000 - 으로 되어 있었다. 1800년대 출생이기에 1900년부터 시작된 주민등록번호 생년월일 자릿수가 없다. 천천면 소재지 부잣집 박씨 집안의 딸이었던 할머니가 가난하기 짝이 없었던 할아버지에게 시집을 온 사연은 알 수가 없다. 어렵고 서러운 일제 치하에서 전답조차 없는 세간 살림을 견디지 못하고 북간도 한민족 이주 시기에 만주벌판으로 옮겨 가 살았다. 그곳에서 강냉이밭 화전을 일구고 근근이 살다가 해방이 되자 1·4후퇴 때 만주 봉천역에서 피난 열차를 타고 고향으로 돌아오셨다. 38선에 가로막혀 개성에서 열차가 멈추자 아버지와 두 분 고모님을 데리고 엿새 날밤을 걷고 걸어 고향 땅 장수에 도착하셨다. 오시자마자 할아버지께서 서른일곱에 큰 재를 넘다 늑대의 습격을 받고 밤새 전투를 벌이시다 혼절하다시피 집에 들어오셨지만, 그 후로 병을 얻어 시름시름 앓다가 사흘 만에 운명하시었다. 할머니는 늑대에게 혼을 빼앗겨 돌아가셨다고 말씀하셨다. 젊은 나이에 과부가 되어 버린 할머니는 온갖 풍상을 겪으면서 아버지와 고모들을 키워 내셨다. 삼대독자인 아버지께서는 열여덟에 시집오신 어머니와 함께 형님을 낳으셨다. 그러나 낳으시기만 하셨지 새벽부터 늦은 저녁까지 일만 하셨던 분들이었기에 형님을 비롯한 우리 칠 남매는 할머니 등에서 자랐다 해도 빈말이 아니다. 부모님 등에 업혀본 것은 초등학교 이학년쯤 몸이 아파 전주 큰 병원 갈 때 아버지 등에 업혀본 외에는 기억이 없다. 어머니 등에도 업혀본 기억이 없다. 그러다 보니 어렸을 때부터 할머니와 잠도 같이 자고 마실 가는 길에도 늘 우리를 데리고 다니셨다.

할머니는 긴긴 겨울밤이면 화롯불을 피워놓고 기다란 담뱃대에 뻐끔담배를 태우시며 밤이 깊도록 살아오신 굴곡진 이야기를 들려

주셨다. 화롯불에 묻어둔 군밤이 톡톡하며 배꼽 터지는 소리를 냈다. 그 시절엔 눈도 그리 많이 내렸다.

어떤 날은 장독에 담아놓았던 홍시를 한 접시 내어 가지고 오셨고, 어떤 날은 독에 재워둔 고욤을 한 종발 퍼 오시기도 하셨다. 돈으로 사지 않고 먹을 수 있는 겨울밤 간식은 물고구마에 동치미 국물이 대부분이었지만, 아이들에게는 달콤한 홍시나 고욤 재운 것은 더없는 귀한 간식거리였다. 늦가을 주워다 모은 밤톨을 촉촉한 모래흙을 담은 독 안에 보관해 두었다가, 긴긴 겨울밤 호롱불 아래 화롯불에 구워낸 군밤을 먹는 것은 어른이 되어서도 잊을 수가 없는 추억으로 남아 있다.

할머니 머리맡에는 늘 콩나물 동이가 놓여 있어 틈만 나면 콩나물 머리에 물을 뿌려 주셨다. 먹을 거리는 대부분 자급자족하던 시절이라 콩나물을 무침이나 국을 끓이는 데 뿐만 아니라, 쌀이 귀한 시절이라 고구마를 썰어 넣고 콩나물을 머리에서 뿌리까지 통째로 넣어 끓인 콩나물죽은 가난한 집 사람들에게는 일상적인 한 끼의 식사였다.

기억 속의 할머니는 목청이 좋아서 집 앞 높은 둑에 올라 손주의 이름을 부르면 저 멀리 아랫 담에서도 부르는 소리를 듣고 집으로 달려오고는 했다. 또한 총기가 좋아 가가호호 누구누구네 제삿날을 죄다 기억하고 있었다.

할머니는 손주인 내가 군을 제대한 후에도 전주에서 나와 동생들 밥을 해주며 함께 사셨다. 아흔다섯까지 함께 살면서 동네 어른들과 함께 전주 인근 콩밭 김을 매러 다니셨다. 그러던 어느 여름날 심하게 더위를 먹고 병원 신세를 진 후로는 시골 본가로 들어가셨다. 그리고는 어느 해 늦여름 뜰방에서 넘어지면서 무릎 골절로 마지막으로 침대 생활을 한 달 하다가 세상을 떠나신 것이다.

할머니는 평소에 인정이 많으셨다. 그 어려운 가난이 일상이었던 시절 마을에 방물장수가 오면 누구도 잠자리 내주기를 외면했다. 모두 마을 끝에 있는 상지 담 우리 집으로 올려보냈다. 할머니는 우리 가족은 먹을 것이 없더라도 그들에게 예외 없이 저녁을 대접하고 잠자리를 마련하여 재워 보냈다. 아침이면 방물장수들도 미안해서인지 조반은 사양하고 일찍 갈 길을 떠났다. 가면서 얼개 빗이나 동동 구루무를 주고 가는 경우가 많았다. 훗날 시골 어르신들께서는 우리 칠 남매가 나름 괜찮은 직장생활을 하는 것을 보고, "다 베푼 대로 받는 법이여"라며 할머니께서 생전에 인정을 많이 베푸신 덕분이라고 말씀들 하시고는 했다.

사십여 년이 흐른 지금도 할머니에 대한 기억이 엊그제 일처럼 생생하고 많은 것은 웬일일까. 그만큼 내리사랑이 크고 함께 했던 시간이 많다는 뜻이겠다. 아흔여섯 십 개월을 사신 앨범 속 사진을 꺼내 들고 할머니를 불러본다. 사진 속 할머니가 말문을 열고 금방이라도 이름을 불러 주실 것 같다. 생전의 할머니가 더욱 그리워지는 저녁이다.

동반자

　가화만사성(家和萬事成)이라 했던가? 가정이 화목하고 바로 서야 그다음 너른 세상으로 나아 갈 수 있다는 성현의 가르침을 이순이 넘어서야 깨닫고 있다. 직장생활 기간에 수많은 출장으로 조선팔도를 누벼 보았으나, 정작 아내와 오붓하게 시간을 내서 여행을 즐긴 적이 거의 없다. 친구나 지인들과의 모임에서 손에 꼽을 정도로 관광지를 다녀온 적은 있지만, 둘만의 오붓한 시간을 가져 본 기억은 별로 없었던 것 같다.

　지난 연말부터 새해에는 첫날부터 아내에게 점수를 후하게 따 두어야겠다는 생각에 새해 첫날 작은 여행을 생각해 두고 있었다. 해서 송구영신(送舊迎新) 예배를 다녀와 늦게 잠자리에 든 아내를 시장하다는 핑계로 흔들어 깨웠다. 그리고는 밥상머리에서 새해 첫날인데 당신과 함께 여행을 통해 새해를 시작하고 싶다고 했다. 고창에 가면 장어요 군산에 가면 게장이요 화산에 가면 참붕어찜이 대기하고 있으니 원하는 대로 선택하라며 공을 아내에게 돌렸다. 어찌 보면 새해 첫 당일치기 여정은 멀리 가는 것보다 가까운 데에서 여유있게 즐기고 오는 것이 실속 있는 거라고, 그게 더 좋겠다고 맞장구를 쳤다.

새해 첫 휴일이라 식당이 붐빌 것 같으니 전주에서 정오쯤 출발하기로 했다. 모처럼 드라이브에 아내도 즐거워 보였다. 응달진 개울가는 곳곳에서 아직도 얼음장을 뒤집어쓰고 있고, 군데군데 흰 눈이 희끗희끗 겨울 산을 드러내고 있다. 바람결은 차갑지만, 차창을 스치는 들판의 풍경도 따스한 햇살 때문인지 푸근하게 느껴졌다. 식당은 점심시간이 지났지만, 유명세만큼이나 손님들로 거의 자리를 메우고 있었다. 십여 년 전만 해도 붕어찜 식당이 조그만 면 소재지에 대여섯 군데 있었지만 지금은 유일하게 이 집만이 명맥을 이어가고 있다. 그 옛날에도 유독 이 집만이 손님이 많았던 걸로 기억하는 데 이 가게가 화산 붕어찜의 원조라는 이야기를 전해 들은 적이 있다. 특히, 손수 키운 시래기를 듬뿍 넣어주는 것과 구수한 누룽지가 우리에게는 매력이었다. 식사를 마치고 풀 서비스를 위해 배부르다는 아내에게 전망 좋은 카페 들려서 차 한잔하고 가자고 했다. 지난해 아들 내외와 한 번 와 본 적이 있는 면 소재지 산자락에 자리한 아담한 찻집이다. 우리 대화의 대부분은 자녀와 손주들에 관한 소소한 일상적 소재와 농장에 관한 서로의 생각이나 의견을 나누는 일이었다. 산자락에 위치한 조용한 찻집에서 면 소재지의 아담한 마을풍경이나 텅 빈 들판에서 겨울 철새들의 군무를 감상하는 일, 꺾은선 그래프처럼 선명한 먼 산자락의 능선을 별생각 없이 바라보는 것조차 아늑한 마음의 여유를 느껴 보기에 충분했다.

따뜻한 자몽차와 레몬차 한 잔이 바닥을 보일 때쯤 산 그림자가 들판으로 내려오기 시작했다. 새로운 한 해를 허락하신 하나님, 건강하게 지금까지 지켜주시고 인도하신 하나님, 같은 방향을 바라보고 믿음의 동반자로서 걸어가게 하시는 하나님, 이 작은 소소한 일상까지도 감사의 제목이 아닌 것이 없다는 생각이 들었다. 남은 시간마다 아내와 오붓하게 둘만의 시간을 가져야겠다고 생각해 본다. 호젓한 둘만의 시간을 남겨두고 차 머리를 보금자리로 돌린다. 라디오에서 누군가의 신청 곡 태진아의 〈동반자〉 음악이 흐른다.

동진강아, 답해다오

 망종은 하지로 건너가는 길목이다. 들녘의 농부들에게 망종 무렵은 보리를 베어내고 모내기를 서둘러 해야 하는 가장 바쁜 절기 중 하나이다. 가난하고 허기진 보릿고개를 넘기 위해 아이들은 철 지난 찔레순이나 잘 익은 오디를 찾아 들녘을 쏘다녔다. 그래서인지 유월이 오면 금빛 물결이 일렁이는 확 트인 김제 들녘이 생각나고 지평선 너머로 한 줄 그어진 수평선이 보고 싶어진다. 그럴 때는 홀가분한 맨몸으로 계획 없이 떠나는 번개 여행도 좋다.

 만경평야로 접어드는 황톳길 따라 달린다. 어머니의 하얀 무명옷처럼 애잔하고도 순박한 순백의 찔레꽃이 눈길을 잡아끈다. 도심 속 울타리를 화사하게 너울대며 피어있는 붉은 장미가 세련되고 화장기 짙은 도심 속 여인이라면, 찔레꽃은 외진 산기슭이나 길섶 가시덤불에 뻐꾸기 울음 따라 피고 지는, 순박하고 때 묻지 않은 산골 소녀 순이의 모습이다. 하얀 찔레꽃에 마음이 오가고 눈길이 가는 것도 그런 이유 일 게다. 끝없이 펼쳐지는 지평선 들녘을 생각한다. 지난 시대의 아픔을 안고 살아가는 한이 많은 서러운 땅이다. 곳곳에 수탈의 상징이었던 양곡창고와 도정공장의 잔재가 남아 있다. 부와 권세와 수탈의 상징처럼 남아 있는 일제식 가옥이 지워지지않는 상흔처럼 아픔을 새기고 있다.

　동진강이 도도하게 흐른다. 조선 백성의 절반을 먹여 살렸다는 호남평야가 시작되는 곳이다. 들끓는 백성의 외침과 저항의 북소리와 함성을 안으로 삼켜야 했던 속 깊은 물줄기가 마르지 않는 땅이다. 쌀의 역사 속에서 아픔과 수난의 이야기를 땅의 무늬로 새기고 살아가는 들녘 사람들이 살고 있다. 벽골제가 증명하듯 김제를 중심으로 펼쳐진 호남평야는 용수와 일조량이 풍부하여 벼 재배에 최적의 땅으로 알려져 있다.

　그런데 어찌 된 일인가. 몇 해 전부터 들녘이 바뀌고 있다. 벼농사를 근본으로 여기고 살아 온 쌀의 후손들이 소득이 낮은 벼농사를 포기하고 콩을 심고 있다. 나라의 식량을 책임져 왔던 김제평야가 콩밭으로 바뀌고 있다. 콩은 밭작물이라는 상식을 넘어 저 너른 들녘이 콩밭으로 변하고 있다. 이 황금 들녘이 호남 최대 곡창지대라는 상징성을 잃어버리고 콩 주산지로 변해 버린다면, 이 나라의 식량주권이 제대로 지켜질 수 있을지 생각이 깊어진다. 천년을 지켜온 땅의 조상님들께 묻고 싶다. 긴 안목에서 답을 찾아야 하고 과거와 미래를 관통하는 혜안으로 바라보아야 한다. 천년 장구한 물길로 들녘을 적셔 온 강물을 본다. 속 깊은 저 강이 답을 줄 수 있을지, 노을 내리는 넉넉한 들녘이 긴 생각에 잠겨있다.

말이 씨가 된다는 말

 생명이 있는 모든 것에는 씨가 있다. 씨는 종족 본성의 원천이기 때문이다. 말에 뼈가 있다든지 말이 씨가 된다는 말을 종종 듣고는 한다. 그럴 뿐만 아니라, 말은 사람을 살리는 약이 되기도 하지만 잘못 쓰면 상대의 가슴을 찌르는 치명적인 칼이 되기도 한다. 그만큼 말은 영향력 있고, 살아 있는 유기체와 같다는 뜻이다.

 자화자찬일 듯 보이지만 스스로가 잘한 일이고 좋은 습관이라고 내세우고 싶은 두 가지가 있다. 하나는 절대 욕설하지 않는다는 것이고, 또 하나는 불평불만을 말하지 않는다는 것이다. 이 일에 대한 연유인즉 이렇다. 남자들은 청년 시절 대부분 군 복무를 위해 입대한다. 대한민국 젊은이들의 의무이고 자존심이기 때문이다. 광주사태가 한참일 무렵 입대를 했다. 자대에 배치되어 보니 하늘 같은 선임자들이 줄줄이 있다. 신병들은 경험해 보신 분들은 알겠지만 온종일 긴장 속에서 산다. 잠자리가 그나마 안식처이고 작업장 사역병이 도피처이다. 본래 전통적 군대 계급사이어서는 같은 말이라도 거칠고 고압적이다. 게다가 저급한 비속어에 때로는 욕이 토씨처럼 붙는다. 삼 년 동안 군 생활 거친 말씨에 익숙해지다 보면 제대 후에도 은연중에 욕이 튀어나올 수밖에 없다. 말년 휴가를 와서 다짐했다. 군 복무를 마치고 나올 때는 욕을 반납하고 나오겠다고. 그리고는 부대에 돌아가서도 욕이 입 밖으로 나오려 할 때는 의도적으로 참기로 했다. 이렇게 시작한 습관은 지금까지 잘 지켜지고 있다. 참 다행스러운 일이다.

또 다른 하나는 불평 불만하지 않고 살아보기였다. 2009년 미국의 윌 보웬 목사가 쓴 『불평 없이 살아보기』란 책이 유행처럼 독자들의 호평을 받고 있던 적이 있었다. 사람이 불평 없이 살 수만 있다면 얼마나 행복할까? 그 책 속에 담긴 비밀이 무엇인지 궁금했다. 바로 서점으로 달려갔다. 책 속에는 보라색 밴드가 하나 들어 있었다. 책의 내용을 요약해보면 단순한 숙제일 뿐이었다. 내적으로 불평이 생길지라도 밖으로 표현하지 않는 습관을 기르는 일이었다. 불평은 누군가에 대한 불만이나 어떤 일에 대한 불평도 포함하는 일이었다. 이 책에서 저자는 사람이 어떤 습관을 형성하려면 3주 정도의 시간이 필요하다는 전제를 한다. 그러기 때문에 불평 없이 사는 시간이

3주를 무사히 넘겨야 불평 없이 사는 좋은 습관의 기본이 형성된다는 근거를 토대로 한다. 시작은 이렇다. 보라색 밴드를 한쪽 손목에 끼고 3주 동안 불평을 표시하지 않아야 한다. 그러나 그 기간에 불평을 표시하면 다른 손목에 차고 다시 3주를 시작해야 한다. 이 3주를 무사히 넘기면 시험을 통과하게 된다. 하지만 이 일이 머릿속으로 인식은 하고 있지만 쉬운 일이 아니었다. 세 번의 실패를 거치면서 마침내 네 번째 시험을 통과할 수 있었다. 그 후로는 지금까지 불평과 불만을 외부로 표현하지 않는 좋은 습관을 유지하고 있다. 그러다 보니 내면에 일어나는 불평과 불만도 훨씬 줄어들었다. 이 책의 부제가 말해 주듯이 삶의 기적을 이루는 21일간의 기적이 나도 모르게 찾아온 것이다.

　형식이 내용을 이끈다는 말이 있다. 좋은 습관이 그 사람의 일상을 바꾸고 인생을 바꾼다는 말도 있다. 표현의 자유가 허용되는 민주사회에서는 각자의 서로 다른 생각과 이념들이 서로 충돌하면서 부정적인 표현과 태도가 홍수처럼 넘쳐나고 있다. 이러한 자기중심적 사고가 불만과 대립으로 나타나고 때로는 표적이 되어 범죄에 이르게 하는 경우를 종종 본다. 사람이 살면서 불평과 불만이 전혀 없지 않을 수는 없다. 하지만 표현하지 않고 내 안에서 잠재울 방법이 있다면 자기통제를 할 줄 아는 사람이다. 우리가 살면서 스트레스라고 말하는 것들이 불평과 불만이 아닌가 싶다. 누군가는 이렇게 설명하는 이도 있다. 제 성에 안 차서 쌓이는 것이 스트레스라고. 다시 말하면 자기 생각이나 마음에 들지 않아 생기는 내적 불만이 밖으로 표출되는 것이 불평인 셈이다. 저자는 말하고 있다. 내가 남을 바꿀 수 없다면 스스로가 변하고 바뀌어야 한다고. 특히, 말에는 반드시 씨가 있다고 믿고 있다. 선한 말을 하는 자는 선한 마음의 씨앗을 뿌리는 자이고 불평을 말하고 남을 비판하는 습관을 지닌 사람은 전염성이 있는 불행의 씨앗을 뿌리는 자라고 말해 주고 있다. 행복의 기적을 맛보고 싶은 사람이 있다면 반드시 이 책을 읽어보라고 그리고 실행해 보라고 권하고 싶다.

망중한(忙中閑)에 들다

 만물이 기지개를 켠다. 경칩 지나 산촌에도 샛바람이 불고 겨우내 두꺼운 얼음장을 뒤집어쓰고 숨죽여 흐르던 개울물이 제법 목청을 돋우어 간다. 바위틈에서 쫄쫄거리는 작은 물방울이 골골이 모여 물길을 이루고 다시 내를 이루고 강으로 가는 길을 낸다. 자리를 바꾸어 가며 노래하듯 흐르는 물소리에 머릿속 맑아졌다. 재를 넘나들던 나무꾼들이 마른 목을 축이기 위해 파놓은 옹달샘에 아침 산새들도 내려와 목을 축이고 갔다. 지난밤 내린 봄비로 먼 산에 희끗희끗 보이던 잔설도 밤새 자취를 감추었다. 방죽 머리 치렁치렁한 수양버들 가지가 촉촉하게 잘 빗어 내린 여인의 찰진 머리 자락 같다. 수풀 속에서 짹짹거리던 새 떼가 늘어진 덤불 사이를 옮겨 앉을 때마다 사위가 출렁인다.

세상 소유가 쓸모없는 공간에서는 욕심도 걱정도 사그라지는 것인가 보다. 어제의 염려와 근심이 저 먼 바깥세상의 아득한 일처럼 느껴진다. 콘크리트 도심 속에서 단단하게 굳어버린 마음도 말랑말랑해졌다. 지구촌 한쪽에서 일어나고 있는 전쟁의 공포나 코로나 확진자 숫자도 치솟는 기름값 이야기도 먼 나라 이야기처럼 느껴진다. 반백 년 동안 변하지 않는 산과 하늘 개울 물은 그 자리 그대로다. 와닿는 것은 오로지 얼굴을 스치는 바람과 새소리, 물소리 그리고 잔잔한 수목의 물결만이 있을 뿐이다. 생각이 단순해지고 여러 갈래의 마음도 하나로 모인다.

십년 전 봉화산자락을 밀고 내려온 오얏재 언덕에 흙냄새 풀풀 나는 텃밭을 만들고 여섯 평 오두막을 들였다. 오두막 옆으로는 반석 거리에서 좁은 수로를 따라 사시사철 물이 흐른다. 수로를 거슬러 오르면 끝없이 계곡을 따라 화강암 반석이 펼쳐지고 그 위를 수정 같은 계곡물이 흐른다. 봉화산 깊은 골짜기에서 샘 솟는 물길이 불무골 성지골 서당골 물길과 합쳐지면서 사시사철 물줄기가 마르지 않는 소하천을 이루고 있다. 서너 마지기 남짓한 텃밭에는 사과나무를 심었다. 은퇴 후 닷새는 도시, 이틀은 시골 생활하면서 오얏재 날망의 오두막은 유일한 쉼터가 되었다. 생활에 가장 기본적인 가재도구만 들여놓았다. 선풍기 한 대에 이부자리 그리고 전자레인지와 밥통과 딸이 학생 시절 자취방에서 쓰던 허리춤 키만 한 냉장고 한 대가 전부다. 필요한 것은 그때그때 사다 쓰거나 주변에서 현지에서 구해 쓴다.

 틈만 나면 봉화산을 오른다. 골물을 따라 무작정 걷는다. 중학 시절 방학 때마다 풀 짐과 나뭇짐을 지고 드나들었던 나뭇길을 따라 임도가 잘 닦여져 있다. 철철이 새소리 물소리 바람 소리 그리고 간간이 바람결에 실려 오는 솔 향기로 가득 채운다. 우리는 누구나 눈에 보이는 것과 귀에 들리는 것으로 마음과 생각이 크게 지배받는다. 머릿속이 복잡하고 마음이 심란할 때도 오두막에서 머물다가 산중에 발걸음을 들여놓다 보면 머리가 맑아지고 생각도 단순해진다.

 산중의 수목은 가장 훌륭한 스승이다. 초록빛 여름과 화사한 가을을 보내고 나면 스스로 이파리 떨구어 겨울을 준비한다. 그리고 누가 알려 주지 않아도 소리 없이 가장 낮은 곳으로 돌아간다. 우리네 삶은 어떠한가. 서슬 퍼런 세상 속에서 승자로 살아남기 위해 치열하게 경쟁하고 있다. 좌우 돌아보지 않고 방향도 모르고 달려가는 것 아닌가? 한 철 동안거에 드는 절집의 수도승처럼 가끔은 바깥세상과 단절된 나만의 공간에서 돌아보고 쉬어감이 필요하다. 새삼 여섯 평 오두막이 금쪽같은 안식처로 느껴진다. 누군가의 말처럼 이 세상 등질 때 남은 것 모두 다 세상에 두고 가야 할 진데, 노후 준비를 한다고 허리띠 졸라매고 오로지 돈 버는 일에 너무도 많은 시간을 허비했다는 때늦은 생각이 든다. 어찌 생각하면 요즈음의 젊은이들처럼 내일 일은 내일에 맡기고 오늘 주어진 하루를 가치 있고 의미 있는 삶에 투자하면서 사는 것이 현명하다는 느낌을 지울 수가 없다. 더 나은 내일의 풍성한 삶을 위해 준비하고 노력하는 일은 필요하고 더 없이 가치 있는 일이다. 하지만, 내일 일도 알 수 없을 진데 미래를 위해 비축하고 쌓아두는 어리석음은 버려도 좋다는 생각이 든다. '가진 것이 많으면 져야 할 짐도 무겁다'라는 속담이 생각난다. 단순해져 보자. 새삼 텔레비전 없는 여섯 평 오두막이 안성맞춤이라는 생각이 든다. 좀 더 가볍게 가야겠다.

맨발로 걷기

　맨발 걷기가 열풍이다. 지자체가 나서서 관광지 주변에 황톳길을 만들어 놓기도 하고, 맨발 걷기 동호인 모임도 늘고 있다. 건강에 좋다고 하면 바람으로 이어진다. 아내가 건지산 맨발 걷기 산책하자고 옆구리를 쑤신다. 건지산 둘레길은 편백숲 안에 다양한 코스로 둘레길이 조성되어 있어 흙의 속살이 좋아 맨발 걷기에 안성맞춤이다. 천천히 느긋하게 녹음을 즐기면서 바람 소리를 들으며 도란도란 산책하기에는 제일이다.

　오랜 시간 판에 박힌 듯한 도시 생활에 새로운 변화를 시작한 것은 두어 해 남짓 일이다. 직장을 마무리하고 고향마을 오얏재란 능선에 선친께서 물려 주신 두 마지기 논이 있던 곳에 사과나무를 심었다. 그리고 매주 오가면서 1박 2일 자연 속에서 호사를 누리고 있다. 호사라야 여섯 평 오두막에 TV도 없이 라디오를 친구삼아 텃밭을 맨발로 어슬렁거리거나 음악을 듣기도 하고, 주변의 구불구불한 논두렁 밭두렁을 생각 없이 걷는 일이다. 그래도 양이 안 차면 유년에서 중학 시절까지 마을 형들을 따라 재 너머까지 지게 짐을 지고 오르내리던 산길로 다녀오기도 한다.

 구불구불한 산길을 걷다 보면 그 옛날 형들이나 친구들과 가재를 잡고 버들치를 잡던 일, 겨울이면 나뭇짐 부려놓고 나뭇가지를 깔고 앉아 빙벽 썰매를 타던 일, 뜻도 모르고 골짜기가 쩌렁쩌렁하도록 유행가 목청을 잡아 빼던 가난한 시절의 추억이 생각난다. 그 닳아지고 닳아진 산길을 걷노라면 예나 지금이나 변함없는 개울 물소리, 새 소리, 계절이 오갈 때마다 철철이 옷을 갈아입는 산의 모습, 그리고 겨우내 꽁꽁 얼었던 얼음장 밑으로 봄기운 올라오는 소리, 전령사처럼 환하게 불을 밝히는 생강나무와 진달래가 겨울 산을 깨운다.

 이제는 오두막 출입이 잦아지면서 산 동네가 더 정겨워지고 산길도 들녘도 애틋한 친밀감을 더해주고 있다. 농장을 돌보는 농사일도 하고 보슬보슬한 흙을 밟으면서 까슬하고 시원하게 발바닥에 느껴지는 그 감촉을 맛보는 일은 일거양득의 즐거움이다. 도심에서는 구경조차 할 수 없는 흙도 지천이다. 산길을 걸을 때도 논두렁 밭두렁을 거닐 때도 가급 적 맨발로 걷는다. 자연스레 조심조심 천천히 걷게 된다. 느리게 천천히 걷다 보니, 자주 다니던 길섶에 풀이나 나무 같은 사소한 것들을 예전보다 자세히 보게 되고, 그냥 지나쳤던 것들도 새롭게 눈에 들어온다. 꽃도 나무도 생명 있는 모든 것들이 저마다 각기 다른 모습으로 자신의 존재를 알리고 있는 것 같다. 밤을 우는 풀벌레 소리나 숲을 노래하는 산새들의 지저귐도 하늘을 나는 아침 새들까지도 점점 친구가 되고 말 상대도 되어 주고 있다.

나이가 든 탓일까? 뛰어야 할 일이나 급해야 할 일이 점점 없어지고 맨발로 느리게 걷는 일이 좋아진다. 흙길을 가만가만 걸을라치면 따뜻하고 보드라운 흙 기운이 몸 안에 번져 오는 것 같아 기분이 좋아진다. 살랑거리며 스치는 바람결이 귓속말로 말해 준다. 느리게 더 느리게 걸어 보라고, 그리고 묻는다. 무엇이 더 보이느냐고.

못줄 넘어간다

　허전하게 비어있던 빈 들판, 수로에 콸콸 물소리가 흐르더니 트랙터가 써레를 달고 웅웅거리며 한바탕 다림질을 해놓고 갔다. 이앙기가 다녀간 무논마다 자고 나면 하루가 다르게 초록으로 색을 입히고 있다. 머지않아 저 들판이 초록으로 꽉 채워지고 하지가 지나고 긴 긴 무더위와 천둥 번개를 견디고 나면 이삭이 고개를 숙이면서 차랑차랑 금빛 머리를 흔들며 농부의 손길을 기다릴 것이다. 수천 년 우리 민족의 주식으로 자리해 온 밥, 그 근원이 저 들녘에서 금빛 꿈을 야물게 키워가고 있다

　모내기를 하는 날은 여느 때보다 더 이른 새벽부터 일손이 바쁘게 돌아갔다. 어둠이 채 가시지 않은 이른 새벽부터 못자리판은 마

을 사람들의 손길이 분주하게 움직인다. 못자리의 모를 찌러 온 이웃 어른들이다. 쪼그리고 앉아 두 손으로 모를 찌고 뿌리에 달린 흙을 고인 물에 두세 번 흔들어 씻어 낸 다음 다시 합쳐 서너 가닥의 짚을 모아 모 허리춤을 묶어 못 춤을 만든다. 아이들이라고 예외는 없다. 쪄낸 모춤을 논 앞 둑이나 뒤 둑으로 건져 내면 아버지는 물이 빠진 모춤을 바지게에 담아 모내기할 논에 모춤을 빌린다. 아버지의 모춤을 빌리는 솜씨는 어느 사람도 따라올 수 없을 정도였다. 앞뒤 논둑에서 적당한 간격으로 모춤을 던지면 원하는 위치에 적당한 간격으로 미끄러지듯 멈추어 선다. 모춤을 시원찮게 묶는다거나 요령 없이 모춤을 빌리면 모춤이 풀어져 낭패를 겪게 된다. 모를 찌고 무논에 빌리는 일은 아침 식전의 일이다. 농촌에서 식전 4시간은 한나절의 품이다. 따라서 모내기 철의 하루는 평소보다 한나절의 노동을 추가하는 고된 시간이다.

못 줄잡이는 목청이 좋고 노랫가락도 술술 뽑아내는 두 고모부가 담당이다. 아버지는 밑거름 비료를 뿌리고 우리 형제는 모잡이의 적당한 뒤편에 모춤을 나눠 주는 모쟁이를 한다. 모쟁이가 뒤에서 모춤을 뒤돌아 손만 뻗으면 닿을 수 있는 거리에 모춤을 풀어 놓아야만 모잡이들이 서로서로 손을 맞추어 같은 속도로 한 줄의 모를 심을 수 있다. 모잡이는 둘씩 짝을 이룬다. 양옆에 있는 사람과 교대로 만나고 헤어지기를 반복하면서 자연스럽게 심는 각자의 길이가 조정

된다. 모잡이들이 못줄의 꽃눈을 따라 모를 심으면 줄잡이가 다 심은 것을 확인하고 이쪽에서 줄하고 외치면 저쪽에서 다 심은 것을 확인하고 줄을 받아 외치며 못줄은 옮긴다. 미처 다 심지 못하고 못줄이 옮겨지면 모잡이가 "나, 식은 밥 먹고 있어"라며 잠시의 틈을 요구한다. 그러는 사이 다른 모잡이들이 잠깐의 허리를 펼 기회로 삼는다. 그러니 모내기의 속도는 줄잡이의 요령에 달려 있다. 정신없이 몰아치다 보면 모잡이들이 허리 한 번 펼 틈조차 없다. 새참은 주로 막걸리와 국수가 나온다. 막걸리는 소재지 주조장에서 진빠에 매달고 달려온 통 막걸리가 나온다. 국수 한 사발에 양재기 한가득 막걸리로 목을 축이고 어른들은 궐련 한 대 피워 물고는 다시 논으로 들어간다. 점심은 어머니와 이웃 누나들이 광주리에 밥과 국 그리고 그릇과 반찬을 머리에 이고 길가에 포장 하나 펴고 허기진 배를 채우고 잠시나마 허리를 길게 펴 보는 시간이다. 꿀맛 같은 시간이다. 그러나 이 점심시간도 잠깐이다. 논 주인이 먼저 논바닥으로 들어가고 줄잡이가 모잡이들을 논으로 밀어 넣는다. 모내기는 해가 서산을 넘고 어스름이 내려야 모내기가 끝난다. 그럴 뿐만 아니라 심던 논배미는 다 마쳐야 모내기를 마무리한다.

농촌의 모내기는 많은 사람이 손을 맞추어서 해야 하는 일이기에 모두가 품앗이한다. 품삯을 돈으로 주는 일은 없다. 나절 나절로 계산해서 서로 같은 농작업이나 또는 다른 농사일로 품을 갚는다. 오늘

날처럼 오후 다섯 시가 되면 두말없이 손 털고 일어나는 일도 없다. 남은 마무리를 다 해야 했다. 농촌 마을 두레 공동체의 품앗이 인심이었다. 모잽이의 장난기 섞인 구수한 목청과 논둑을 넘는 마을 아지매들의 유행가 소절들이 귓가에 생생하다. 모내기가 끝나면 어머니께서 못밥 퍼낸 가마솥 밑바닥에서 긁어 세운 노릇노릇한 누룽지를 덤으로 챙겨 주셨다. 인구절벽에 갇힌 나라 그중에서도 아기 울음소리 들리지 않는 농촌의 고향마을에서 이 넉넉한 풍경들을 다시 볼 수 없는 것일까. 기계화 그리고 편리함이 우리 농촌을 더 삭막하고 인정을 메마르게 몰아가고 있는 건 아닌지 곰곰이 심각하게 생각해 볼 일이다. 막걸리 한 사발이 고된 피로를 잊게 해 주던 모내기의 풍경은 사라지고 윙윙거리는 기계 소리만 들녘에 요란하다.

물난리

고향 집 앞 마당 오른편으로 둔덕 같은 텃밭이 하나 생겼다. 큰 키를 자랑하던 호두나무도 허리까지 묻혀 있다. 오래전부터 아름드리 밤나무 대여섯 그루가 서 있던 둔덕이었지만 지금은 세를 넓혀 제법 밭뙈기만 한 둔덕이 생긴 것이다. 그중 절반가량은 수룡골에 있는 뒷산이 어느 해 여름 장마 때 집중호우로 산사태가 나서 유실되어 밀려온 토사가 둔덕을 확장해 놓은 것이다. 유년에 할머니와 함께 쌓았던 유년의 기억도 아래채와 함께 토사에 쓸려가고 말았다.

지루하게 이어지던 장마가 마지막 기승을 부리듯 아침부터 거세게 빗줄기를 쏟아붓고 있었다. 여기저기서 산사태가 나고 도로가 끊기고 계곡마다 황토물이 무섭게 넘쳐났다. 억수같이 내리는 빗줄기는 날이 어둑해질 때까지 그칠 줄을 몰랐다. 비바람이 거세지고 냇가의 물길도 한층 거칠어져 금세 둑을 넘을 기세였다. 네 가구가 사는 고향마을 상지담은 쉬지 않고 쏟아지는 빗소리에 쉽게 잠들 수가 없었다. 아래채 뒤 켠으로 좁은 도랑에도 물이 점점 불어나고 황토물이 몰려오기 시작했다. 밖에서 뜬 눈으로 상황을 지켜보던 형님께서 급히 방으로 뛰어 들어오면서 아무래도 몸을 좀 피해야겠다고 다급하게 상황을 설명하고 있었다. 물이 뒤꼍에서 마당으로 넘쳐 들고 있다는 것이다. 우선 어머님과 아버님을 안전한 정수 형님 댁으로 피난시켰다. 그리고는 십 분도 채 되지 않아 황토물과 함께 토사가 밀려들기 시작했다. 처음에는 나지막한 돌담을 메우더니 이내 돌담을 넘어 마당으로 토사가 밀려들기 시작했다. 손쓸 겨를도 없이 거센 황토물이 아래채를 가두더니 순식간에 지붕을 덮쳤다. 아래채가 힘 한번 쓰지 못하고 거센 물살에 휩쓸리고 말았다. 그리고는 기세를 불린 토사는 마당을 덮고 집 앞 논으로 몰려가고 있었다. 집 앞 논이 마당보다 어른 한 길 정도 높낮이가 있어 마당을 거쳐 간 토사가 그곳에 몸을 부리고 있었다. 다행인지 불행이었는지는 모를 일이지만, 산에서 실려 온 토사는 앞 논에 동산을 이루고 난 후에야 비가 잦아들고 산사태도 멈추어 섰다. 산자락이 절개되어 무너져 내리면서 흘러내린 토사가 물길을 막고 막힌 물길이 다시 밭으로 방향을 틀면서 고향 집 마당으로 새로운 물길을 내 버린 것이다. 날이 밝자 토사가 밀려난 산자락은 깊게 맨살이 뿌리까지 드러나고 몇 개의 밭떼기를 휩쓸고 오는 동안 밭과 밭의 경계는 지워지고 말았다. 농작물은 이미 흙 속에 매몰되어 흔적조차 보이지 않았지만, 그나마 사과나무는 그 거센 물살을 온몸으로 버티고 제 자리를 지키고 있었다. 어떻게 해야 할지 엄두가 나지 않았다. 마당 뜰 방앞에 쌓인 흙만 삽으로 겨우 걷어내고 방도를 찾아보기로 했다. 날이 밝자 면에서 직원들이 다녀가고 주위에서도 걱정이 되었는지 찾아와 안부를 묻고 위로의 말을 건네 주었다. 다음 날에는 행정에서 응급 복구를 위한 굴삭기를 보내 주었다. 마당과 논에 산처럼 쌓인 토사를 걷어내는 일이었다. 본채 뒤 켠에 우물도 장독대 주변도 온통 밀려온 토사로 모래밭을 이루고 있었다. 쌓인 토사를 모아 처리할 수 있는 묘안이 떠오르지 않았다. 외부로 실어내는 일은 비용도 비용이거니와 아예 엄두가 서지 않았다. 고민 끝에 밤나무 둔덕에 있던 자리에 더 높게 더 넓게 둔덕을 만들기로 했다. 복구작업은 그렇게 중장비를 이용해 진행하였다. 밤나무가 있던 나지막한 둔덕이 작은 동산 크기와 넓이의 공터가 생겨났다. 활용을 고민한 끝에 둔덕 위에 터를 닦고 하우스를 들이고 텃밭을 만들기로 했다. 여름이면 배추를 심고 어느 해는 고구마를 심었다. 외양간과 화장실 그리고 쇠죽솥이 있고 군불로 지펴진 아랫방에서 할머니와의 추억을 간직한 아래채는 소실되고 자취를 감추었지만, 텃밭은 철철이 채소와 고구마를 내고 이런저런 주전부리를 식탁에 올려 주었다. 비닐하우스는 고추나 옥수수를 말리고 겨울 김장 하기에 안성맞춤인 공간으로 만들어 주었다.

비록 산사태로 인한 물난리로 고향 집 아래채는 역사 속으로 사라졌지만, 그 자리에 둔덕을 넓혀 풍성한 텃밭 하나 얻었으니 전화위복인 셈이다. 지난 시절 아들의 방탕을 통해 아내와 내가 더 성숙해지고 단련됐던 것처럼 저마다 닥친 위기나 고통이 늘 잃어버리는 시간이 아니요. 반대로 또 다른 유익을 얻는 새로움도 주어졌다. 물난리를 겪으면서 마을 이웃들의 따뜻한 위로와 손길이 오랫동안 기억으로 남아 따뜻함으로 전해 온다. 마른장마가 끝나고 집중호우가 예상된다는 날씨 예보가 자막으로 뜨고 있다. 자연의 위대한 힘 앞에 우리는 얼마나 무기력하고 나약한 존재인지를 자연재해를 당해 본 사람은 알고 있을 것이다. 태풍과 함께 오는 이번 집중호우도 순탄하게 지나갔으면 좋겠다.

제3부

물머리에 서다 / 보리 들녘에서 유년을 만나다
봄나들이 / 빛바랜 사진 한 장 / 사용 설명서
선교지에서 / 섬을 담다 / 숙제 / 아버지를 추도하며
알봉 마을에 가면 노인도 청년이 된다 / 역지사지의 마음으로

물머리에 서다

춘분을 앞두고 봄비가 추적추적 내립니다. 나들목을 빠져나오자 비가 눈이 되어 날립니다. 싸락눈처럼 날리더니 장수 읍내로 들어서는 싸리재쯤 이르자 눈송이로 변합니다. 산허리부터 근사한 설경이 펼쳐집니다. 차 머리는 읍내를 휘돌아 수분 재를 향합니다. 금강과 섬진강의 물길이 나누어 시작되는 수분 재, 비 온 뒤 내린 눈이 채 녹지 못하고 수분 마을로 들어가는 포장길이 질척거립니다. 사과나무 과수원 막 움 틔우려는 마른 가지 위로 하얀 눈이 소복소복 두께를 더합니다.

뜬봉샘 주차장 오르는 길이 미끄럽습니다. 방문자센터에 차를 남겨 두고 신발 끈을 단단히 동여맵니다. 주차장 입구에서 간단한 안내를 받고 산길을 오릅니다. 입구를 지나 계곡으로 나 있는 탐방로로 접어들자 새로운 세계가 펼쳐집니다. 눈꽃 천지가 펼쳐집니다. 가시덤불마다 두꺼운 솜이불을 덮고 얼굴만 빠끔히 내밀어 봅니다. 가끔 박새가 떼를 지어 짹짹거리며 맞이 인사를 합니다. 떼를 지어 수풀을 옮길 적마다 숲이 휘청거립니다. 물오리나무가 암수 꽃망울을 맺었습니다. 양지 녘 생강나무가 노란 비녀를 꽂고 이른 봄기운을 뽐내다가 깜짝 놀란 눈치입니다. 우람한 덩치를 자랑하는 소나무도 무거운 눈 무게를 이기지 못하고 긴 가지 끝이 활처럼 휘어집니다. 계곡을 흐르는 골 물소리가 더없이 맑고 투명하게 들립니다. 머릿속 상념이 모두 사라지고 오직 푸근한 겨울 설경으로만 가득히 채워집니다. 여태껏 이런 멋진 풍경을 본 적이 없습니다. 아무도 없는 산속에서 횡재를 한 기분입니다. 간간이 쌓인 눈 무게를 이기지 못한 나뭇가지가 후드득 하며 바닥에 눈덩이를 부립니다. 졸졸거리며 흐르는 물소리 그리고 산새들의 재잘거림을 빼고는 산중이 하얗게 고요의 세계로 채워져 있습니다. 한 걸음 한 걸음 산을 오르는 등 뒤 남겨진 발자국을 따라 뽀득 뽀드득 기분 좋은 소리가 정겹게 들립니다. 계곡 물줄기를 따라 탐방로가 뜸봉샘으로 이어집니다. 이 작은 물줄기가 장안산에서 내려오는 장안천과 육십령 물줄기가 모여 용담댐으로 모여지고 다시 금산을 거쳐 대청호에서 머물다가 공주와 부여를 돌아 군산 하구를 지나 서해로 흘러드는 비단같이 아름다운 금강의 머릿물입니다. 그 물줄기가 천 리라니 참으로 긴 강입니다. 그런 연유에서인지 이 고장 지명이 긴 물이란 속뜻을 품은 장수長水일 거라는 생각이 듭니다. 눈 덮인 산속 탐방로 숲길을 따라 중턱에 다다르니 뜸봉샘이 나타납니다. 금강의 발원지 '뜸봉샘' 해발 900미터 신무산 자락에 태곳적부터 쉼 없이 솟아나는 이 작은 샘 줄기가 길목 길목마다 모여지고 흩어지기를 반복하며 비단결같이 고운 천 리 길 강을 이루었다니, 마음이 경건해집니다. 뜸봉샘을 품고 있는 신무산 자락, 조선을 건국한 태조 이성계가 큰 뜻을 품고 기도하던 중 하늘에 무지개가 뜨고 샘에서 봉황이 솟아올라 새 나라를 열라는 천명을 받았다는 뜸봉샘, 설화만큼이나 장수 사람들은 신성하게 여기고 자긍심을 품고 있을 거라는 느낌을 지울 수 없습니다. 이 물줄기가 천 리를 흐르면서 수많은 마을과 삶의 터전을 만들고 호서평야 그 너른 들판의 곡식을 키워내는 젖줄로 살아왔을 겁니다. 산길을 내려옵니다. 때 묻지 않은 자연생태를 잘 보전하기 위한 안내와 설명도 곳곳마다 설치되어 있습니다. 멸종위기종인 하늘다람쥐가 살고 있고 계곡에는 옆새우나 가재도 많이 살고 있다고 말하고 있습니다. 조심조심 눈길을 걸어 출발점에 도착해 다시 생태관을 둘러봅니다. 보물 같은 자연을 확인하고 기억 속에 담아가고 싶은 생각입니다.

눈 오는 날의 산행은 최고입니다. 소복소복 나무의 어깨와 등을 덮고 있는 하얗게 쌓인 눈을 보면 포근함과 신비함을 함께 느끼게 합니다. 눈발이 그친 듯합니다. 생애 최고의 산행을 했습니다. 아름다운 장수 그리고 신무산 자락에 자리를 잡은 뜸봉샘의 가치와 속내를 온몸에 담아갑니다. 겨울 산의 설경이 안겨준 선물은 오래도록 기억 속 멋진 산행으로 남을 것 같습니다.

보리 들녘에서 유년을 만나다

우리 대부분은 다람쥐 쳇바퀴 돌 듯 제한된 일상에서 하루를 보내고 한 달을 보낸다. 그러다 보면 일상이 따분해지고 새로운 것을 찾는다. 그래서 여행을 떠나기도 하고 새로운 사람이나 오랜 친구를 만나고 싶어 한다. 특히 여행은 사람을 만나고 서로 다른 자연과 대상을 만나면서 우리에게 즐거움과 기쁨을 선물해 준다. 때로는 일상의 에너지도 충전하고 심신을 회복시키는 치유의 역할도 한다. 여행지는 집에서 가급적 멀리 떠나야 여행의 맛도 깊어진다.

소속된 문인협회에서 장흥으로의 문학기행을 떠났다. 오랜만에 만나고 싶었던 문우들과 함께 대형 버스에 몸을 싣고 여행을 떠나는 일은 기쁨이라기보다는 가슴 설레는 일이었다. 그것도 장수 산고을에서 바다가 확 트인 바닷가 마을로의 여행은 푸른 바다와 섬 그리고 하얀 모래 해변이 있는 남쪽 바닷가라니 그 자체만으로도 기분이 좋아진다. 장흥의 들녘은 보리가 금빛으로 옷을 갈아입는 초여름을 향하고 있다. 보리에 대한 유년의 추억이 있는 환갑을 훌쩍 넘긴 장년 문우들의 탄성이 터졌다. 그러더니 이내 보리에 관한 추억을 소환하며 유년으로 돌아가 보리농사에 관한 사연들을 쏟아내기 시작했다. 가난한 시절 허기진 배를 채워 주었던 살강 밑에 달아 둔 대소쿠리의 꽁보리밥, 입안에서 이빨 사이로 용케도 잘도 빠져나갔다. 어머니가 텃밭 상추를 뜯어와 샘물에 씻은 상추를 손으로 잘라 고추장에 비벼 주시거나 찬물에 말아 허기를 때워 주었던 보리밥은 허기진 시절 그야말로 꿀맛이었다. 파리가 극성이던 시절 대소쿠리 채반의 틈새로 파리들이 비집고 들어가 먼저 시식하기라도 하면 어머니는 그 보리밥을 찬물에 씻어 주시기도 하였다. 통일벼가 보급되고 비료 사용이 보편화되고 쌀 생산량이 늘어나면서 보릿고개란 말은 역사의 뒤켠으로 사라져 갔다. 학교에서도 아이들에게 혼식과 분식을 장려하며 도시락 검사를 하기도 했다. 그 보리밥 도시락도 없어 우물가에서 물배를 채우던 아이들도 있었다. 온 가족이 한자리에 앉아 먹는 가족 밥상에도 할머니 할아버지와 아버지 밥그릇에만 쌀이 한 줌 섞인 밥그릇이 놓여 있었다. 부러운 눈으로 쳐다보는 손주들의 밥그릇에 할머니나 할아버지가 한 수저씩 떠 얹어 주시기도 했다.

유월에 들어서면 보리를 베어내고 논을 쟁기질한 다음 써레를 돌려 보릿대를 밟아 넣고 다시 써레질을 하여 논을 고른 다음 모내기를 한다. 1년 중 가장 바쁜 시절이다. 이 시기에는 교실마다 빈자리가 듬성듬성하게 보인다. 어린아이들도 농번기 일손에 보태야 하기에 학교에 보내는 건 뒷전이다. 우선은 모판에 모가 더 자라기 전에 무논을 만들고 모내기해야 한다. 그러다가 때라도 놓치면 너무 웃자란 모를 작두에 윗부분을 자르고 모를 심어야 한다. 보리를 베어 다시 탈곡기에 거치는 과정은 보리까끄라기를 뒤집어서 써야 한다. 어떤 날은 씻지도 못하고 잠이 들기도 하고 이튿날 학교에 가는 일도 있었다. 보리 이삭은 옷에 들어가면 움직이면 움직일수록 발이라도 달린 것처럼 소매나 바짓가랑이를 타고 점점 더 위로 깊숙이 들어가는 것이었다.

식량이 부족했던 허기진 시절은 춘궁기를 지나면 보릿고개가 다시 찾아오고 그 고개를 넘어야 추석 명절을 맞이하고 명절이나 제삿날 쌀밥 한 그릇 먹을 수가 있었다. 쌀이 흔한 지금이야 쌀이 주식이 되어 버린 지 오래지만, 저 들녘의 누런 보리밭은 식량 증산과 퇴비 증산을 외치고 혼분식 장려 운동을 내세우던 근대화 시대에는 잡곡이 아닌 주식이었다. 바다를 막아 간척지를 만들고 척박한 땅에서도 잘 견디는 보리와 밀을 심어 보릿고개를 넘어오게 한 저 보리밭 들녘이 얼마나 고마운 존재인가. 들판의 겨울을 건너와 봄날의 초록 내음을 풀어 놓고는 금빛으로 알알이 여물어가는 이삭 머리를 가만히 가만히 쓰다듬어 본다.

봄나들이

　온통 초록이다. 들녘은 파도처럼 물결치고 산자락마다 연둣빛이 번지고 있다. 매화나무가 밀려오는 봄기운에 못 이겨 톡톡 꽃봉오리를 터트리며 봄을 재촉한다. 이에 질세라 울타리마다 개나리가 치렁치렁 노란 긴 머리를 흔들어댄다. 만사 제쳐 두고 온전한 자유를 즐기기에 안성맞춤이다. 요즈음 머리가 아프다니 허리가 아프고 담이 결린다며 TV를 끼고 방콕을 즐기고 있는 아내에게 벚꽃이 하동포구까지 올라왔으니 이번 주가 산수유꽃이 절정이겠다 하면서 바람을 잡는다. 아내도 지난주 보은 산성에 오르면서 분분하게 핀 진달래를 보고는 꽃구경 가자는 제안을 두말없이 받는다

　차 머리를 남으로 돌린다. 왠지 이른 봄에 여행하면 남도의 들녘이

나 강으로 이어지는 포구가 떠오른다. 그곳에 가면 상긋한 봄을 쉽게 만날 수 있기 때문이다. 봄은 눈으로 봄빛을 보고 입으로 맛보고 온몸의 감각세포로 느껴보는 재미가 있다.

  첫 도착지는 낙안읍성이다. 성곽 안팎에 옛 초가의 가옥들은 최대한 잘 보존되어 있을 뿐만 아니라 주민들이 지금도 성안에 살고 있다. 역사와 문화와 전통을 지켜가려는 마을 주민들의 높은 의식이 돋보인다. 너른 들판과 평화롭고 아늑한 풍경들, 성내 마을에 들어서면 시간을 거슬러 조선시대의 공간으로 들어선 듯한 느낌을 받는다. 잘 보존된 돌담이 토담과 초가지붕들이 조화를 이루고 있다. 성곽을 한 바퀴 돌고 성내 골목골목을 돌아보다 보니 허기가 진다. 벌교 지역의 특산물인 꼬막 정식으로 허기를 때운다. 여유롭게 차를 한잔 하고 광양 매화마을로 차 머리를 돌린다. 일부러 구불구불한 국도를 택하기로 한다. 고개를 오르내리고 굽이진 골짜기를 지난다. 수줍게 연분홍 얼굴을 내밀고 있는 진달래가 마음을 휘어잡는다. 마을 울타리마다 노란 개나리가 치렁치렁 긴 머리를 날 보라며 흔들어댄다. 산색이 벌써 연둣빛을 띠기 시작했다. 들녘마다 논밭 갈아엎는 트랙터 소리가 요란하다. 순천 경계를 벗어나 광양 매화마을로 들어서는 드넓은 주차장에는 상춘객 인파로 빈자리가 없다. 축제가 끝나 버렸음에도 입구부터 대기 차량으로 장사진을 이루고 있다. 코로나 거리두기가 해제되자 뭇사람들이 산과 들로 보복 소비라도 하듯 쏟아져 나온 모양이다. 매화는 절정을 지나 내리막길로 들어서고 있었다.

매화마을을 통과해서 차량은 다시 섬진강을 거슬러 오른다. 구례 들녘이다. 보리와 밀이 차디찬 겨울을 견디고 파릇하게 펼쳐진 풍경이 펼쳐진다. 봄기운이 황량한 들판을 연초록으로 채색하고 있다. 겨울에 바라보는 들판은 모든 것이 사라지고 소멸한 듯한 삭막 그 자체였는데, 봄기운이 뿌리를 깨우고 씨앗을 틔워 생명을 하늘로 밀어 올리고 있다. 구례중에서도 산수유 마을은 그냥 지나칠 수 없다. 노랗게 물감이 번진 산수유 계곡을 걸어본다. 온몸에 노랑물이 번지고 있다. 노랑은 봄빛이다. 지리산 자락에 산수화 한 폭 걸려 있다. 돌담과 산수유꽃이 절정의 조화를 이루고 있다. 상춘객들이 그림 속으로 빨려 들어간다.

　마을을 내려서니 그림자가 길어지고 허기가 돈다. 다슬기 수제비 전문이라는 간판이 눈에 들어온다. 문을 열고 들어서던 아내가 되돌아 나온다. 가는 날이 장날이라고 문을 닫는 중이란다. 발걸음을 돌려 차에 오르는데 아저씨 뛰어온다. 들어오란다. 그냥 보내 드릴 수 없어 식사를 준비해 주겠다는 것이다. 두 분의 마음이 참 따뜻하다.

　식사를 마치고 따뜻한 인사를 나누고 차에 오른다. 몸도 피곤하고 다리도 뻐근하다. 그렇지만 온몸에 봄을 듬뿍 담았으니 수지맞은 일 아닌가. 삶의 여정에서 여행과 쉼은 생의 간이역 같은 것이다. 때로는 준비 없이 무작정 몸만 가지고 떠나는 여행이 좋다. 계획을 짜고 정보를 수집하고 보따리를 싸고 하는 번거로움이 없어서 좋다. 특히

봄에 떠나는 여행은 잠자던 온몸과 마음속 감각을 깨우는 충전과 회복의 시간이다. 옆자리 앉은 아내의 잠든 얼굴이 행복해 보인다. 다슬기 수제비를 맛있게 끓여준 가게 아주머니의 따뜻한 배려가 긴 여운으로 남는다. 경쾌한 팝송이 흐른다. 워털루 ~워털루 ~ .

빛바랜 사진 한 장

　이사 오면서 여기저기 방치되어 있던 사진 뭉치들을 한데 모아 빈 상자에 담아 가지고 왔다. 이삿짐을 정리하면서 시간 나면 앨범을 사다가 멋지게 정리해 두고 싶었다. 올봄에 앨범을 두 권 구매해서 사진 정리를 해 보았다. 사진이 생각보다 많아서인지 절반도 못 하고 남겨 두었다. 따듯한 햇살이 창문을 통해 길게 자리를 깐다. 남겨 두었던 사진을 다시 정리해 보겠노라고 사진을 펼쳐 본다. 탁자 위에 놓인 사진 더미를 한 장 한 장 살펴보는 데 다양한 기억들이 주마등처럼 스쳐 간다. 그러다가 눈에 번쩍 들어오는 사진 한 장을 발견하였다. 생전에 아버지의 사진이었다. 빛바랜 사진 속에서 막내 여동생과 포옹하며 허연 이를 드러내고 싱긋이 웃고 있었다. 아마도 어느 명절날 고향 왔다가 돌아가는 용인 막내딸을 안아주면서 찍어

놓은 사진인가 보다. 중절모를 쓰고 잿빛 점퍼에 운동화를 신고 있으셨다.

아버지는 생전에 둘째 며느리를 많이 챙겨 주시고 누구보다도 살갑게 대해 주셨다. 그 어렵던 1980년대 초 무렵일 것이다. 부모님께서는 많이 배우지 못한 것이 한이 되었는지, 자식에 대한 교육 열정이 남다르게 많으셨다. 동생들을 줄줄이 전주로 유학을 보내야 하는데 하숙시킬 처지는 아니었던 것 같다. 전주에 사는 피붙이라고는 농협에 다니는 작은아들 하나 있었다. 어머니의 자식들뿐만 아니라, 고모님과 당숙 댁에서도 전주로 자식들 유학을 보내면서 줄줄이 모두 둘째 자식한테 거처를 맡겼다. 남동생이나 여동생은 공짜로 떠맡았고 사촌 조카들은 쌀이나 하숙비로 쌀 다섯 말값을 받았다. 보통 하숙비의 절반 정도인 밥값만 주신 셈이다. 지금이야 어림도 없는 이야기라고 하겠지만, 그 시절은 도시에 사는 있는 형이나 누나가 있으면 그 밑의 동생들은 자동으로 그 형이나 누나가 데리고 있어야 했다. 그런저런 이유로 아버지나 어머니께서는 시골에서 푸성귀나 고구마 같은 농산물도 챙겨다 주시고는 하셨다.

동생들도 모두 학교를 졸업하고 직장을 잡고 결혼하고 난 뒤에도 아버지는 전주 나들이를 곧잘 하셨다. 덕진 호반촌에 노인당 등록까지 해 두시고 거의 매달 전주 걸음을 하셨다. 한 번 나오시면 보통 사나흘 계시다 가셨다. 나오실 적마다 항상 둘째 아들네 집에서 머물기를 고집하셨다. 아마도 둘째 며느리가 편하고 투정 없이 잘 해 주셨기 때문일 것이다. 둘째 아들도 그렇게 잦은걸음을 하시는 아버지가 자기 아내에게 다소는 부담스럽다고 느끼고 있었다. 시골에 계시는 어머니께서는 아버지의 그런 잦은 전주 나들이를 대고 핀잔을 주시기도 하였고, 전주 둘째 아들네 집에 가면 하룻밤만 주무시고 오라고 신신당부하셨다. 어머니께서는 바쁜 농사철에 해야 할 일도 많은데 농사일을 다 맡겨 놓으시고 전주 나가시는 것이 못마땅하기도 했고, 둘째 며느리한테 미안하고 부담스러워서 그런 반대를 하셨을 것이다.

그러더니 일흔이 넘어서 어느 해부터인지는 아버지께서 전주 걸음을 뚝 끊으셨다. 그리고 전주에 오실 때는 꼭 어머님과 함께 오셨고, 하룻밤 주무시고 가시는 일이 거의 없었다. 집에 오신지 두어 시간 지나면 집에 가야 한다고 어머니를 재촉하셨다. 아버지께서는 나이가 드시면서 기억력도 눈에 띄게 떨어지기 시작했다. 아버지는 시골에서도 매일같이 중학교 앞에 있는 논배미까지 걸어 내려오셨다가 발걸음을 돌려 집으로 돌아가시고는 하였다. 매일 습관처럼 하루에 한 번 거의 매일 그 길을 오르내리셨다. 그 이유는 아직도 명확하지 않다. 무슨 사연이 있는 것일까? 아니면, 옛 농사짓던 시절이 그리워서 오르내리게 되었고 그것이 습관처럼 굳어진 것일까? 아버지는 그 질문에 의사 선생님이 운동해야 한다고 하기에 운동하고 있는 거라고 대답하셨다.

고향 집을 찾을 때 아버지가 안 계시면 습관처럼 오가던 그 길을 따라가면 아버지는 늘 그 길 어딘가에서 만날 수 있었다. 어떤 날은 중학교 울타리 화단 길에서, 어떤 날은 반석 거리 오르막길 돌팍에서, 그렇지 않으면 구부정한 허리에 변함없는 잿빛 중절모를 쓰고 가쁜 숨을 몰아쉬며 마을 길을 오르고 계셨다. 여름날이면 하얀 모시 적삼에 둥근 뿔테 안경과 잿빛 중절모를 쓰고 하얀 고무신 대신 운동화를 끌며 배착배착 걷는 모습이 가냘프고 안쓰럽게 느껴졌다.

아버지와 아내는 애틋했던 기억이 많았다. 아들이 직장에 출근하고 나면 아내는 아버지와 함께 장터 구경을 종종 함께했다. 아버지가 좋아하시는 반찬을 손수 만들어 대접해 드리고, 옷가지도 재래시장에 가서 사 입혀드렸다. 아버지께서 전주 병원에 다니실 때도 항상 아내가 예약하고 모셔 오고 모셔다드렸다. 아버지께서는 둘째 며느리만 찾으셨기 때문이다. 병원에 오랫동안 입원해 계셨을 때도 낮에는 모두 직장생활하고 있기에 낮에는 오로지 둘째 며느리가 돌보아야만 했다.

시간이 흐를수록 아버지는 점점 어린아이처럼 되어 갔다. 뇌 사진을 찍어보니 뇌가 아주 쪼그라지고 작아져 있었다. 어느 날은 고향 집을 올라가는 길에 힘겹게 가쁜 숨을 몰아쉬며 마을 길을 오르고 계신 아버지를 발견하고 차를 세워 태워 드렸더니, "참, 고맙네요. 뉘신 줄 모르나 참 착한 사람들이 다 있네요."라며 연거푸 고맙다는 인사를 한다. 아들 내외라 이야기하니 그때뿐이다. 마음이 슬퍼졌다.

누군가가 '갈 때가 되면 자식한테도 정을 뗀다.' 했다. 이런 경우를 두고 하는 말인가? 차츰 기억력과 인지력 떨어지는 아버지를 병원에 모시고 가면 둘째 며느리를 어린아이처럼 졸졸 붙잡고 따라다녔다. 약 처방전 받아 올 터이니 다른 데 가지 말고 여기 앉아서 기다리고 계시라 일러두면, 마치 어린아이처럼 꼼짝없이 그 자리에 그대로 계셨다. 그러다가 며느리가 나타나면 아이가 엄마를 발견한 그것처럼 그리도 좋아하셨다. 어느 날 아내가 아버지 다니시던 병원에를 갔다가 키가 작고 잿빛 점퍼에 중절모를 쓰신 어르신이 지나가기에 아버지인 줄 착각하고 달려가 보았더니 다른 분이더라는 이야기였다.

 아내와 함께 이런저런 아버지에 대한 기억을 더듬어 내면서 지난 추억에 대한 이야기꽃을 피웠다. 그러면서 아내는 아버지 생전에 받은 사랑과 더 잘 보살펴 드리지 못한 아쉬움을 토로하기도 했다. 아버지 제사가 이틀 앞으로 다사오니 아버지가 더욱 그리워진다. 다른 자식들도 아버지가 보고 싶을 것 같아서 아버지 빛바랜 사진을 가족 단톡방에 올렸다. 금세 아버지와의 추억에 대한 다양한 이야기들이 올라왔다. 아내는 유독 아버지와의 기억이 많은가 보다. 눈가가 촉촉 해진다.

사용 설명서

　대한민국은 쇼핑 천국이다. 인터넷 창을 열고 주문만 하면 새벽에 문 앞에 벌써 와 있다. 당일 배송이 새벽 배송으로 이제는 로켓 배송의 시대란다. 포장을 열자 아동용 세발자전거가 미조립 부품으로 들어 있다. 아마도 아내가 네 살배기 손주용 자전거를 구매한 모양이다. 사용 설명서를 순서대로 천천히 꼼꼼하게 읽어 본다. 코미디 같은 지난 경험에서 얻은 교훈을 습관처럼 실천하고 있다.

　어느 겨울날이었다. 낮에 가지치기를 마치고 먼지도 씻어내고 피로를 풀어볼 겸 따뜻한 물로 샤워를 하는 중이었다. 옆구리에 쌓여있던 묵은 때가 손바닥에 묻어나고 있었다. 손이 잘 닿지 않는 등짝에서도 끈적끈적한 땀과 함께 지우개 배설물 같은 잿빛 때가 일어나고 있다. 그뿐만 아니라 손이 닿지 않는 등짝이 근질거리고 스멀스멀 벌레가 기어 다니는 것 같아 견딜 수가 없었다. 손이라도 닿으면 박박 손톱으로 긁어보면 좋겠는데, 언제부터인지 어깨가 고장 나면서 아내의 손길을 빌리거나 긴 목욕 수건을 사용해야만 했다. 그런데 오늘따라 늘 걸려 있던 목욕 수건이 눈에 보이지 않는다. 아내도 출장 중이라 다른 방안을 찾아보기로 했다. 이곳저곳을 두리번거리다가 샤워기 아래 걸어둔 물건 하나를 발견했다. 주걱 같기도 하고 등 가려운 곳 긁어주는 효자손 같은 것이 눈에 띄었다. 평소 사용해 본 적이 없던 터라, 옳다! 이거였구나. 샤워할 때 가려운 등도 긁어주고 손이 닿지 않는 부위의 때도 밀어줄 수 있는 물건이다. 하며 참! 아이디어도 좋다고 하는 탄성이 터져 나왔다. 한 치의 망설임 없이 등이며 옆구리며 가려운 곳을 마구 긁고 밀기 시작했다. 살살 밀어도 그리 시원할 수가 없었다. 그리고는 피곤함에 지친 나머지 곧바로 잠자리에 떨어지고 말았다. 다음 날 건지산 아침 산행을 마치고 집에 돌아와 욕조에 뜨끈한 온수를 받아 몸을 담그는 순간이었다. 평소 못지않게 등이 물에 닿자마자 참기 어려운 쓰라림과 뜨거움이 덮쳐왔다. 고개를 갸웃하면서도 조금 더 참으면 괜찮겠지 하며 참고 살갗이 스스로 적응하기를 두고 보기로 했다. 짐작대로 점차 감각이 둔해지더니 쓰라림도 통증도 무디어지고 살갗도 잘 적응하고 있었다. 욕조에서 나와 보니 옆구리가 붉게 상기되어 있고 손톱자국이 스친 것 같은 상처가 보였으나 가려워서 저도 모르게 긁었겠지, 하며 대수롭지 않게 지나치고 말았다. 등짝이야 물론 눈에 보이지 않으니 예기치 못한 불상사를 아예 생각할 수도 없었을 것이다.

　들통은 저녁 잠자리에서였다. 평소 좋아하던 뜨끈한 전기장판에 등을 대고 눈을 붙이고자 누웠는데, 등짝이 아리고 쓰려서 잠을 청할 수가 없는 것이다. 최대한 손을 뻗어 닿는 부위를 만져보니 살갗이 약간 부풀어 있고 까슬거림도 느껴졌다. 게다가 가렵기까지 했다. 그제야 혼자 이런저런 원인을 찾아보는 것이었다 두드러기일까? 아니면 피부병이라도 생긴 걸까? 생각 끝에 일단은 손 닿는 부위만 가려움과 아토피에 바르는 연고만 손에 찍어 일부분에만 시험해 보기로 했다. 혹시 모를 부작용이 염려되어 적용 부위의 반응을 지켜보고 판단해 보자는 생각이었다.

　오후 늦게 손주 보러 갔던 아내가 돌아왔다. 결국은 아내에게 원인과 판단을 받아보기로 하고 등을 내보였다. 등을 본 순간 아내가 으~으~ 이거 왜 이래? 하며 소스라치게 놀라는 것이었다. 채칼이 스친 듯 등이고 옆구리고 상처가 장난이 아니라는 것이었다. 이제 막 딱지가 앉기 시작했다며, 가렵지 않으냐고 물었다. 그리고는 왜 그러냐고 묻는데 나도 모르는 일이라고 했다. 다만, 그제 저녁에 뜨끈한 물로 샤워를 했을 뿐이고 등이 가렵고 때가 일어서 때밀이 주걱으로 등과 옆구리를 좀 밀었을 뿐이라고 했다. 아내는 때밀이 주걱이 어디 있느냐며 그거 한번 보자고 했다. 아내도 때밀이 주걱이란 말에 아내도 귀가 솔깃한 모양이었다. 욕실로 가서 등을 밀었던 주걱 같은 손잡이를 보이자, 아내가 기겁한다. 그건 때밀이 주걱이 아니고 발바닥 굳은살 제거하는 각질 제거용이라는 것이었다. 만져보라는 것이다. 아닌 게 아니라 표면이 까끌까끌한 금속 재질의 사포로 덧씌워져 있었다. 무식하면 용감하다고 사포로 된 각질 제거용으로 살갗을 문질렀으니 온전하였겠는가? 아내가 어이없다는 듯 헛웃음을 친다. 상처 연고를 바르고야 비로소 잠을 이룰 수가 있었다. 10년 전 친구의 별장에서 병따개가 없다고 부엌칼 손잡이로 맥주병을 따다가 뚜껑이 아닌 유리 목이 잘리는 바람에 손가락을 심하게 다친 아픈 기억이 떠올랐다.

  물건이나 도구의 용도가 제각각 정해져 있는데, 제대로 알고서야 사용해야 한다. 급하다고 바늘허리에 매어 쓸 수 없지 않겠는가. 속담에 '접싯물에 빠져 죽는다'라는 말이 있다. 그 일 후로는 새로운 물건을 다룰 때는 반드시 사용 설명서를 꼼꼼하게 읽어 보고 그 순서에 따른 습관이 생겼다. 하찮은 물건도 제 용도에 맞게 바르게 쓰지 않으면 흉기가 될 수도 있고, 다른 이에게 피해를 줄 수 있다는 사용 설명서의 중요성을 다시 한번 생각해 본다.

선교지에서

　비행기에서 내리자 후덥지근한 밤공기가 어둠에 묻혀 옵니다. 기다리고 있던 선교사님이 가져온 승합차에 짐짝처럼 몸을 포개고 공항을 빠져나갑니다. 클락으로 향하는 길은 거친 포장길입니다. 이십여 분을 달려 클락 시내를 들어섭니다. 도심에는 한국어로 된 간판이 눈에 많이 보입니다. 앙헬레스란 한인촌입니다. 한인들이 사업차 많이 거주하는 곳이기도 합니다. 느낌으로는 부지런한 한인들이 이 지역 경제를 주도하는 것 같습니다. 차 머리는 다시 큰 도로를 벗어나 고가도로 아래에 있는 낮고 습하고 어둑어둑한 골목길로 접어듭니다. 한참을 돌고 돌아 골목 막다른 곳에 차를 세웁니다. 아나누스 교회가 있는 목적지입니다. 손수레 하나 편도로 지나갈 정도의 비좁은 흙길에는 군데군데 알전구만 깜빡거리며 거미줄 같은 골목을 지키고 있습니다. 형체를 정확하게 알 수 없는 얼기설기한 판자촌 같은 느낌입니다. 전력 사정도 열악해 보입니다. 아프리카의 어느 난민촌에 와 있는 느낌입니다

엠마우스란 선교관에서 늦은 밤 여장을 풀었습니다. 이튿날 숙소에서 제공하는 아침을 먹고 일행은 다시 아나누스 교회를 찾았습니다. 예배를 준비하는 청년들과 아이들이 일찍부터 자리하고 있습니다. 찬양과 율동으로 예배당이 후끈합니다. 후원단체의 지원으로 벽걸이용 에어컨이 걸려 있지만, 전력 사정으로 가동할 수 없습니다. 함께 뛰고 찬양하다 보니 땀이 줄줄 흐릅니다. 찌는 듯한 더위도 이 뜨거운 예배 열기를 이길 수 없습니다. 청년들이 예배를 준비하고 인도하는 동안, 어른들과 현지 아이들이 팀을 나누어 골목 전도를 나섭니다. 1960년대 초 한국전쟁 직후 난민들이 모여 살았던 난민촌을 연상케 합니다. 대부분 아이가 맨발입니다. 옷차림도 허름하기 짝이 없습니다. 골목에서 줄넘기하며 노는 모습도 눈에 띕니다. 형편은 매우 안 좋아 보입니다. 그러나 눈에 보이는 그들의 모습과는 달리 아이들의 표정은 매우 명랑합니다. 눈이 마주치면 서로 인사도 건네고 손을 흔들며 맑게 웃어 줍니다. 복음의 씨앗을 뿌리고자 왔습니다. 예수 그리스도의 사랑은 전하기로 합니다. 예배의 자리로 초청하는 초대장을 나누어 주었습니다. 예배가 시작되자 아이들이 구름 떼같이 몰려옵니다. 처음 교회 문턱을 밟은 아이들이 22명이나 됩니

다. 예배가 끝나도 저녁 늦게까지 아이들이 집으로 돌아갈 줄 모릅니다. 아쉬운 눈빛들을 뒤로 하고 숙소로 돌아와 정리하는 기도 모임을 갖고 이틀 밤을 보냅니다.

  날이 밝자 아침 일찍 승합차에 몸을 싣고, 산 중턱에 사는 아이따 산족 마을과 학교를 방문합니다. 준비해 간 프로그램으로 아이들과 함께 현지 수업을 할 겁니다. 큰 도로에서 30km 정도 깊은 산중으로 들어섭니다. 군데군데 산 마을을 지납니다. 빨래들이 옷 가게 진열대처럼 잘 정리되어 걸려 있습니다. 산허리를 돌 때마다 닭 농장이 눈에 보입니다. 방목 중입니다. 특이한 것은 개집 만 한 크기에 한 마리씩 닭이 들어 있습니다. 산중에 나오는 임산물을 채취하거나 닭과 달걀을 시내에 내다 팔고 양식이나 생필품을 구매하여 생활합니다. 토착 종족이었으나 많은 외세의 지배를 받다 보니 문명과 지배 세력에 산속으로 밀려난 것입니다. 지금은 국가적으로 영역을 보호받고 있습니다. 아이따 학교에 도착하니 군인들의 경비가 삼엄합니다. 나중에 안 사실이지만, 실은 우리 선교팀을 보호하기 위하여 파견된 군인이었습니다. 청년들은 학교 마당에서 100여 명의 아이를 모아 프로그램을 진행하고 어른들은 교실에서 학급을 맡아 만들기와 꾸미기 등 다양한 일정을 소화합니다. 풍성하게 준비해 간 간식을 받아 든 아이들이 환성을 지릅니다. 학교 일정을 마치고 산족 마을을 찾아 준비해 간 쌀과 의료품을 전달했습니다. 그리스도의 사랑과 따뜻한 물품을 전하고 내려오는 우리의 발걸음이 한결 가벼워

졌습니다. 일행 모두 기쁘고 행복한 모습입니다. 영혼의 치유를 받은 느낌입니다.

다시 차는 수풀이 무성한 외 딴 곳으로 들어섭니다. 강가에 벽돌공장이 서넛 보입니다. 공장 옆에 양철 지붕을 이고 있는 창고 같은 주거시설이 보입니다. 차 소리를 듣고 아이들과 주민들이 몰려나옵니다. 시골에서 가난을 이겨 보려고 도시로 나와 갈 곳 없는 유랑민들입니다. 벽돌공장에서는 그나마 비바람을 피할 수 있는 거처를 제공하기 때문에 이곳을 찾는답니다. 움막 수준입니다. 집안에 화장실도 보이지 않습니다. 방이라 해야 창고 바닥 수준입니다. 예배당은 밖에 네 모서리에 기둥을 세우고 못 구멍 숭숭한 녹슨 함석지붕입니다. 무릎 높이만큼 벽돌로 사방을 두르고 걸상 몇 개 놓여 있습니다. 선교사님이 이곳 주민들과 매주 정기적으로 예배하는 처소입니다. 우리 모두 손을 맞잡고 찬송을 부르고 기도했습니다. 준비해 간 물품을 전달하고 돌아서는데 고사리손을 흔드는 초롱초롱한 눈망울들이 눈에 밟힙니다.

돌아오는 길에 아누나스 교회에서 수요 저녁 예배를 드리기로 합니다. 도착하니 이미 많은 아이와 청년들이 찬양으로 준비하고 있습니다. 어른들은 저녁 준비에 분주합니다. 준비해 간 학용품과 놀이기구 그리고 가방과 옷가지를 풀어 놓고 달란트 시장을 열었습니다. 교회에서 아이들이나 청년들에게 평소 나누어 준 달란트로 그들이 물품을 삽니다. 산더미처럼 쌓였던 물건들이 금세 동이 납니다.

옷과 가방 액세서리가 선풍적 인기 품목입니다. 달란트 시장을 마치고 모두 다 함께 저녁 예배를 드립니다. 언어는 달라도 마음과 분위기는 하나입니다. 늦은 저녁도 함께합니다. 어느덧 한 가족이 되어 버린 느낌입니다.

기약 없는 이별을 해야 할 시간입니다. 작별의 인사를 나눕니다. 눈물을 훔치는 아이들도 있습니다. 한 명 한 명 꼭 안아 줍니다. 아이들이 작은 손 편지를 건넵니다. 뭉클합니다. 공항으로 향하는 발길이 잘 떨어지질 않습니다. 짧은 만남과 이별까지 행복한 시간입니다. 이곳 아이들에게 무언가 전하고 손에 쥐여 주고 가르치려고 생각하고 왔는데 오히려 가슴 한가득 채우고 갑니다. 배우고 갑니다. 또 와야 할 것 같습니다. 지금의 기쁨과 감동이 행복한 여운으로 오래 남았으면 좋겠습니다.

필리핀 선교를 마치고 클락에서

섬을 담다

 섬에 가고 싶었다. 파스텔 빛으로 끝없이 가슴을 열어젖힌 바다, 수평선이 아득하게 펼쳐지고 파도가 바다를 돌돌 말고 와서 하얀 물보라를 부리고 달아나는, 드문드문 포구가 파도에 지친 고깃배를 품어주는 아늑함과 비린한 갯비린내까지, 각박한 도심에서 찌든 마음을 떨어내고 쉼을 얻기에 딱 좋은 곳이 바닷가이다. 일이 잘 풀리지 않을 때나 심란함을 떨쳐버리고 싶을 때는 바다를 찾는다. 그중에서도 남해의 섬들이 좋다.

 삼천포항을 마주 보고 쪽빛 바다 위에 평화롭게 떠 있는 섬, 벼르고 벼르던 신수도를 찾았다. 뱃길이 열리는 선착장, 터널처럼 생긴 천막 좌우로 어전이 즐비하게 자리를 잡고 있다. 수조마다 싱싱한 바다가 팔딱거린다. 민어, 도미, 전어, 병어, 오징어까지 바다가 통으로 뭍에 올라와 있다. 방파제 마당에는 채반에 마른 생선들이 몸을 잔뜩 웅크린 채 누워 있다. 배를 열어젖히고 눈을 부릅뜬 채 꼬들꼬들 물기를 말리며 생을 마감하는 중이다. 아침 선착장에는 섬으로 들어가는 주민들이 보따리와 생활용품을 담은 장바구니를 들고 배를 기다리고 있다. 섬으로 들어가는 보건소 직원도 있고 파출소 직원도 눈에 띈다. 출근길인 모양이다.

배가 들어오고 하나둘 배에 오른다. 배가 출항을 시작하는데 멀리서 소리를 지르며 달려오는 지각 손님들도 있다. 선장이 친절하게도 다시 접안을 시도하고 지각 손님을 태우는 넉넉함을 보인다. 배 시간이 하루 여섯 번에서 코로나19로 방문객이 줄어들면서 3번으로 줄었단다. 뱃머리가 섬을 향해 물살을 가르기 시작한다. 물결이 잔잔하고 바다색은 진청색이다. 공원 언덕 풍차 머리 전망대가 빨간 머리 모자를 쓰고 바다를 바라보며 서 있다. 이국적 풍경이다. 유럽 항구에 와 있는 착각을 하게 한다. 남해와 사천을 잇는 삼천포 대교가 하늘로 솟은 두 다리 교각에 의지한 채 섬과 뭍을 이어준다. 다리를 통해서 길과 길이 이어지고 섬과 뭍이 이어지고 있다. 아치형 둥근 머리 붉은 교각도, 케이블카도 순환버스도 붉은색이다. 검푸른 바다와 빨간빛 등대까지 잘 어우러진 동화 속 그림 같다.

뱃고동이 신수도 선착장을 알린다. 뭍으로 나오는 아침 손님들이 줄을 서 있다. 고구마 상자가 즐비하다. 해풍을 맞고 자란 섬 고구마가 유명한가 보다. 크고 작은 보따리도 따라나섰다. 시장으로 어느 가게로 아니면 먼 곳 친척이나 자식들에게 보내지리라. 나루터에서 내려 선착장 끝을 돌아 작은 논 골과 큰 논 골을 거쳐 대구항으로 이어지는 해안을 걷는다. 겨울 초입이라 바닷바람이 차다. 논 골을 돌아가는데, 공공근로 나온 구부정한 노인들이 방파제를 등지고 따뜻한 양지쪽에 앉아 한기를 피하고 있다. 늦가을 햇살 아래 도란도란 대화를 이어간다. 논 골을 감아 도는 방파제 콘크리트 벽에 바다를 향해 이름 모를 나무 한 그루, 단단한 틈 속에 뿌리를 내리고 온몸으로 바람을 받아내고 있다. 어떻게 저 단단한 콘크리트 틈새에 뿌리를 내렸을까. 몸통이나 키를 보니 족히 십수 년은 넘었겠다.

 왕가산과 대 왕가산으로 이어지는 허리 잘록한 대구 항으로 향하는 개미허리 입구에 새로 이사 온 듯 보이는 낡은 정자가 나그네에게 자리를 내어 준다. 발밑까지 파도가 밀려와 젖은 몸을 뒤집고는 하얗게 포말로 부서진다. 오두막 몇 채 남은 대구마을, 작은 파도 소리만 들릴 뿐 인기척이 없다. 모두 바다로 나간 것일까? 잘록한 개미허리 방파제 너머로 동글동글한 몽돌해변이 펼쳐진다. 수없이 많은 파도의 혀가 닦아낸 둥근 머리들, 그때마다 돌들은 차르르~ 차르르~ 등 비비고 울었을 것이다. 누군가에게는 에메랄드빛 노랫가락으로 들렸을지 모른다. 섬 중턱까지 집터가 곳곳에 흔적으로 남아 있다. 옛적에는 많은 사람이 살았겠다. 처마가 바닥에 코를 대고 있는 묵은 집 마당에는 잡풀이 무성하다. 집터로 보이는 손바닥만 한 마당이 누군가 살았을 거라는 흔적으로 남아 있다. 바닷바람을 막아주던 키 낮은 돌담조차도 무너져 내려 구멍 숭숭 바람만이 집안을 들락거리고 있다. 사연을 품고 있는 대구마을을 뒤로 하고 몽돌을 지나 에베미를 돌아 나선다. 오솔길은 산으로 이어지고 다랑다랑한 고구마밭과 아직도 푸른빛이 돌고 있는 고사리밭이 층층이 어깨를 맞대고 있다. 얼마만 한 세월을 견디었을까? 팔뚝만 한 가시오가피 나무가 제 몸에 창끝 같은 대못을 박고 서 있다. 고행을 자처한 수행 중일까? 아니면, 전생에 대역죄를 지어 천형을 치르고 있는 것일까?

질푸여산 허리를 가로질러 염식개 해안도로로 접어든다. 사람들이 모여 사는 신수본동 마을과 가까운 탓인지 산자락마다 모두 경사진 밭들로 이어져 있다. 섬 머리까지 집들이 올라와 있다. 고구마 수확이 한창이다. 내 고향 어머니처럼 호미질이 한창이다. 관리기로 힘을 보태는 모습도 눈에 띈다. 길가에는 그물망에 담긴 갓 캐어낸 고구마가 즐비하다. 상품성이 낮은 고구마는 납작하게 잘라 그물망을 깔고 절간고구마로 변신 중이다. 주정 원료나 환자나 아이들의 죽을 만드는 가공원료로 쓰인단다.

해풍을 맞고 깨끗한 섬에서 자란 고구마는 뭍에서 인기가 좋다고 노부부는 고구마 자랑을 늘어놓는다. 그러면서도 이제는 나이가 들고 힘에 부쳐 농사일을 접어야겠노라 하소연한다. 젊은 사람들은 죄다 뭍으로 떠나고 노인네들만 섬을 지키고 있단다. 자기들처럼 섬도 늙어가고 있단다. 쓸쓸하고 발길이 무겁다. 경사지고 굴곡이 심한 손바닥만 떼기밭이라 기계가 발붙일 공간이 없기도 한 까닭이다. 억새가 하늘을 향해 깃을 털고 있다. 따사로운 가을이 푸른 바다를 향해 햇살 촉을 쏘아 댄다. 너른 쪽빛 바다는 쏟아지는 화살을 온몸으로 받아내고 있다. 은빛 바다가 해를 따라 길게 물길을 내고 있다. 벼랑을 지켜온 아름드리 소나무가 칡넝쿨과 가시박에 포박된 채 속수무책 앙상한 뼈만 드러낸 채 생을 마감하고 있다. 길섶에 누런 호박이 덩그러니 엉덩이를 까고 햇살을 즐기고 있다. 질푸여섬을 끼고 검은 모래톱이 해안선을 따라 펼쳐진다. 머리에 수건을 두르고 휘어진 등조차 펴지 못하고 밭고랑 타는 늙은 호미가 무겁게 느껴진다. 섬을 지키고 살아가는 신수도 촌로들, 하늘길 가시면 비탈진 떼기밭 누가 지킬까? 섬이 슬퍼 보인다.

신수도에서 해돋이를 제일 먼저 볼 수 있다는 염시개가 반긴다. 섬주민들이 비렁으로 통칭하는 큰 통바위 벌판이며 빼대기를 말리던 식량창고란다. 섬은 중턱부터 정상에 이르기까지 농토가 펼쳐져 있으며, 여러 갈래의 길이 만나고 헤어지기를 반복하며 모두 하나로 연결된다. 그 길이 없으면 농사를 지을 수 없으므로 농로 겸 둘레 길이나 주민들의 이동로로 이용되기도 한다. 콘크리트로 포장된 폭 3미터 넓이의 소로길, 이 길마저 없었던 옛 시절의 섬사람들은 어떻게 농사를 지었을까? 등짐으로 비탈길을 오르고 내리며 농사를 짓지 않았을까. 산골 출신인지라 그 고됨이 짐작이 간다.

다시 선착장으로 돌아오는 길, 해풍을 맞고 가을 무와 배추들이 속을 채워가고 있다. 길가에 동백이 저마다 하늘 문을 열고 자줏빛 얼굴을 내밀고 있다. 군데군데 밭 가장자리마다 빗물 통이 놓여 있다. 빗물이 물통으로 모아들도록 슬레이트 조각을 빗대어 세워 두었다. 길가에 조립식 간이창고가 눈에 띈다. 창고 옆에는 벽돌로 받침다리를 세우고 가마솥을 걸어 두었다. 아궁이 뒤로 연통을 세우고 빗물이 들어가지 않도록 양철 양동이를 굴뚝 머리에 거꾸로 엎어 놓았다. 다소 우습기도 하고 재치 있는 발상이다. 풍경이 좋은 바닷가를 향해 펜션이 들어서 있다. 코로나19로 비어 있는 듯 조용하다. 이름이 〈힐링 에피소드〉란다.

선착장으로 돌아오니 허기가 오른다. 식당이 한 곳밖에 없다. 주인 아지매가 예약 손님밖에는 받을 수 없다고 손사래를 친다. 배 시간도 여유가 있는 터라 라면이라도 좋다고 하자, 주인 아지매 국물은 없지만, 병어 조림 백반이 어떠냐고 제안한다. 육지에서 병어 조림은 매우 귀하신 몸이다. 병어 조림에 밥을 두 그릇 뚝딱 비웠다. 배에 오르니 자연스레 눈꺼풀이 내려앉는다. 섬에서 만난 풍광과 바다와 돌과 그리고 인정 많은 섬사람과의 인연을 생각했다. 시간이 지나도 두고두고 생각나고 소중한 기억으로 남을 것 같다.

숙제

 요즈음은 인사법도 유별나다. 카톡이 인사까지 대신하는 나라. 요란하게 카톡이 축하 메시지를 전한다. 삼수 도전 끝에 지역 문화예술육성사업 지원 대상자에 선정되었다는 명단을 보고 축하 인사를 건네고 있다.

 삼 년 전쯤 시가 무엇이고 수필이 무엇인지도 제대로 모르는 사람이 몇 년간의 졸작을 모아 출간한다고 하니 아내가 남들처럼 지원금을 받아서 책을 내지 왜 생돈을 들여서 책을 내느냐고 응원 반 핀잔 반 타박을 한 적이 있다. 그런 탓에 언젠가는 남들처럼 나도 한 번 나랏돈을 지원받아 출간하고 싶은 부러움을 품은 적이 있었다. 그래서인지 이번 선정을 아내에게 은근히 자랑하고 싶은 생각도 들었다. 아내도 창작지원금을 받는다니까 잘된 일이라며 축하해 주었다. 그렇게 약간은 들뜸과 기쁨으로 기분 좋은 하룻밤을 보냈다.

들뜨고 기분 좋은 시간은 거기까지였다. 이튿날이 되자 그 기쁨은 온데간데없고, 마음에 묵직한 부담이 밀려오기 시작하는 것이 아닌가? 소화가 되지 않아 체기가 있는 사람처럼 가슴도 답답하고 등짐을 지고 있는 듯 어깨가 무겁게만 느껴지는 것이다. 올해 시집을 내리라 마음은 먹었지만, 아직 시집을 낼 작품 분량도 부족하고, 이미 써 놓은 글도 부족함과 모자람이 가득하다. 나름 서너 번의 퇴고를 해 두었건만 보면 볼수록 가야 할 길이 멀어 보이기만 했다. 어느 선배 시인님 말씀에 그 해 출간을 계획하고 있다면 6월 이내에 인쇄에 들어가야 한다는 생각을 가지고 서둘러 준비해야 가을 중에 모든 과정을 마칠 수 있을 거라는 조언이 생각났다. 자비를 털어 책을 낼 적에는 이런저런 부담도 없이 작업을 마무리하고는 했는데, 정작 지원금을 받아 하는 일이라 그런지 부담스럽고 무겁게 느껴지는 것이다. 선정되기 전에는 지원금이 공돈처럼 느껴졌는데 막상 선정되고 보니 짐이 되고 마는 부담스러운 숙제로 여겨진다. 해도 그만 안 해도 그만이 아니라 반드시 해야만 하는 그것도 정해진 기한 내에 창작집 하나 발간해야 하는 책임과 평가가 뒤따르는 무거운 숙제가 되어버린 것이다.

'세상에 공짜 점심은 없다'라는 말이 있다. 하물며 나랏돈 일진데 오죽하겠는가? 반드시 지원조건을 이행해야 하고 결과물을 만들어 그 결과를 보고해야 하는 의무까지 책임져야 한다. 지역 문화육성 사업 지원금은 문화예술인들의 창작 의욕을 높이고 경제적 부담을 줄여주기 위해 국가에서 제도적으로 뒷받침하는 사업이다. 더군다나 국민의 세금으로 조성된 재정을 도움받아 사용하는 돈이기 때문에 이행에 대한 책임과 의무가 반대급부로 주어지기 마련인 것이다. 이 도움과 기회를 얻기 위해 많은 사람이 손을 들었을 것이다. 운 좋게 그중에서 내가 선택된 것 아닌가?

경험을 통해서 익혀 둔 것이 있다. 눈물을 흘리고 나면 슬픔도 아픔도 사그라지고 마음이 가벼워지는 걸 느꼈다. 그러나 그다음이 문제였다. 그 가벼움은 게으름을 낳고 무사안일 쪽으로 데려갔다 하지만, 상을 받거나 성과를 내어 축하받게 되면 다음에는 반드시 무거운 책임감과 의무감 같은 것이 따라왔다. 그러나 책임과 의무감은 다시 도전하고 앞으로 나아가게 하는 힘이 되어 주었다. 그때의 간절함으로 돌아가자. 어차피 사업대상자로 선정된 이상, 좋은 책을 만들어 보자. 작품에 더 열중해보고 퇴고도 몇 번을 더 해야 할 것 같다. 누군가의 도움을 받았으니, 누군가를 위한 더 좋은 글을 담고 그 결과를 보여 주어야 하지 않겠는가? 부담을 설렘으로 바꿀 수만 있다면 더없이 좋은 일 아닌가? 어깨가 한결 가벼워졌다.

아버지를 추도하며

　아버지의 제삿날이다. 마을을 들어서니 아름드리 느티나무에 긴 여름날의 푸르름이 사위어 가고 이파리마다 발그레한 가을 물이 들기 시작했다. 주홍빛 감을 팔이 늘어지게 달고 있는 감나무 이파리도 푸석하게 윤기를 잃어가면서 알록달록 색동저고리로 갈아입었다. 솔뫼 넘어가는 매봉재 언덕에 군락을 이루고 있는 은행나무 머리에 새벽마다 누군가가 몰래 노란 물감을 덧뿌려 놓았다. 큰댁으로 오르는 오얏재 길섶으로 수북수북 얼굴을 내밀고 있는 들국화가 자줏빛 날개를 달고 샛노란 얼굴로 길손의 눈길을 잡아끈다. 청초하다. 깊어진 푸른 하늘가에 억새가 은빛 머리를 털고 있다. 아버지 젊은 날 등에 옹이가 박히도록 오르내리던 길이다 아버지는 할아버지를 따라 만주로 가셨다가 ·4 후퇴 때 정든 고향으로 돌아오셨다. 간신이 돌담을 두르고 외풍을 가리고 있는 오두막집 문간방에서 초근목피로 가난을 견디며 살았다. 달이 뜨면 늑대의 울음이 간담을 서늘하게 만들고 산 짐승이 어둠을 헤집고 다녔다. 괴나리봇짐과 두 발로 어디든지 가야 했던 시절, 목기 장수 할아버지는 재를 넘어 부지런히 오일장을 넘나드셨다. 그러한 발버둥도 잠시, 서른일곱에 할아버지는 할머니와 독자 아버지 그리고 고모님 두 분을 남겨두시고 세상을 먼저 떠나셨다. 아버지가 가진 것이라고는 목기 장수 할아버지가 유물처럼 남겨두신 지게 다리가 전부였다. 열여덟 나이에 가장이 되어버린 아버지는 장작 장사를 시작하셨다. 낮에는 산에서 나무를 베어다 저녁이면 달빛에 시퍼런 도끼날을 세워 장작을 팼다. 고단함으로 잠시 눈을 붙이고는 새벽닭이 울기 시작하면 십 리 장터 길을 장작을 지고 내달렸다. 지게는 잠자고 밥 먹는 시간 외에는 한 몸처럼 아버지와 붙어 다녔다. 봄이면 냄새나는 거름더미와 장군을 지고 떼기밭을 드나들었고, 모내기 철이면 모춤을 발채에 지고 논바닥에 날랐다. 여름날이면 잎담배를 지고 가쁜 숨을 몰아쉬며 오얏재 길을 올랐다. 가을걷이가 시작되면 들판의 볏단을 지고 앞만 보고 길을 오르셨다. 장정들이 줄을 지어 비탈길을 오를 때면 지게 다리까지 늘어진 실한 벼 이삭이 서로 몸을 비비며 사락사락 여문 소리를 냈다. 가을걷이가 끝나면 겨울철 아궁이 양식을 위해 뒷산을 하루 두 번 올랐다. 작은 재, 큰 재, 바른 재 날을 넘고, 불무골 성지골 서당골을 드나들며 땔감을 거두고 나뭇짐을 꾸려 냈다.

아버지는 오로지 등짐으로만 칠 남매를 키워내시고 대학까지 배움의 길을 열어 주셨다. 너른 등에 지게 자국이 화인처럼 검게 박힐 때까지 일손을 놓지 않으셨다. 이 길을 등짐으로 오르셨던 아버지는 저만치 등짐을 내려놓고 봉초 한 대 말아 피우면서 젖은 땀을 식히고는 하셨다.

대문을 들어서니 음식을 준비하느라 분주하다. 모처럼 객지에 나가 있는 일곱 남매 내외가 모이니 조용했던 고향 집에 사람 사는 냄새가 난다. 방문을 열고 들어서자 동그란 갈색 뿔테 안경을 쓰고 머리가 허연 중절모 쓴 노인네가 벽에 걸린 채 웃고 있다. 하얀 모시 적삼을 입고 앉아 있는 사진 속 아버지가 아들을 반긴다. 온 가족이 모여 추도예배를 드렸다. 다른 일에는 서로 의견이 다르고 생각이 다를지라도 가정의례는 늘 큰아들 방식에 따른다. 예배를 마친 후 다들 한 가지씩 아버지 생전에 함께 했던 기억에 남는 일을 나눈다. 즐겁고 좋은 일보다 아프고 맺힌 이야기가 많다. 가난과 서러운 굴곡을 건너온 아버지가 있었기에 남겨진 이야기도 많았으리라는 생각이 든다.

집안을 구석구석 들여다보고 주변도 돌아본다. 아직도 손길 닿는 곳마다 아버지의 손때가 묻어 있고 흔적이 남아 있다. 금방이라도 헛기침하며 대문을 들어설 것 같다. 태산 같고 대들보 같은 존재였던 아버지가 여든을 넘어서자 한없이 작아 보이고 슬퍼 보였다. 아들은 나이가 들수록 아버지의 얼굴을 닮는다고 한다. 그뿐이랴 생활 습관까지 닮아가고 있다. 언제부터인지 저도 모르게 아버지의 길에 들어서 있다.

알봉 마을에 가면 노인도 청년이 된다

산골의 어느 마을에 새바람이 일고 있다. 마을마다 이미 옛이야기가 되어버린 청년회가 부활한 것이다. 대부분의 농촌 시골 마을은 노인회는 있지만, 청년회는 사라진 지 오래다. 설령 이름이 남아 있다 하더라도 실체가 없는 경우가 대부분이다. 이유를 묻는다면 청년의 연령층에 해당하는 사람이 없기 때문이다. 바로 내가 사는 알봉 마을 청년회 이야기다

알봉 마을은 난평마을의 별칭이고 행정상 명칭은 난평마을이다. 마을 복판에 크기가 경주 천마총만이나 한 알봉이 우뚝 솟아 있고, 봉화산에서 뻗어 내린 능선이 마을과 알을 암탉이 품고 있는 형상이라 하여 난평마을이라 불리고 있다. 풍수지리를 보아도 앞으로는 백

화산을 마주 보고 좌로는 남덕유산이 우로는 장안산이 한눈에 들어오는 명당마을이다. 새마을 운동을 시작하던 60년대에는 백여 가구가 살았던 마을이었으나, 반백 년이 지나면서 이제는 60호 남짓 살고 있다. 평균 연령이 여든에 가까운 노령화를 겪고 있다. 그러니 마을의 대소사나 궂은일이 닥치면 어려움이 이만저만이 아니다. 마을 이장이 가진 가장 큰 고민거리 중 하나라 한다.

그러던 알봉 마을에 새 바로 새로운 피가 수혈되기 시작했다. 도회지로 나가 있던 육칠 년 후배 격인 육십 초반의 후배들이 하나둘 마을로 돌아오기 시작했다. 직장생활을 은퇴하고 인생의 2막을 고향에서 시작하려는 이들이었다. 생각해 보니 배고픈 시절 고향에서의 가난한 시절이었지만, 또래의 죽마고우들과 산과 들로 그리고 돌담길 골목에서 추억을 쌓았던 세대들이다. 애틋한 기억을 경험했던 자들만이 지난 추억과 그곳에 대한 그리움이 있고 사랑이 있기 때문이다.

지난여름 고향 오두막에서 하룻밤을 보내기로 한 날이었다. 고향을 지키고 노년의 부모 세대인 어른들을 섬기고 싶다며 어버이날에 마을 회관에서 경로잔치를 열었다. 그들이 십시일반 자금을 모으고 객지의 젊은이들에게 취지를 알리고 동참을 유도해 제법 규모 있는 마을잔치를 열게 된 것이다. 이에 저들의 마음과 생각들이 참 기특하다고 대단하다는 생각이 들어 저녁을 한 끼 대접하기로 했다. 마트에서 시장을 보고 고기를 굽기로 하고 오두막으로 초청했다. 모두 시간을 내서 초대의 자리에 와 주었다. 먼저 자리의 취지를 얘기하고 고맙고 의미 있는 일을 했다며 덕담을 건넸다. 그러나 한결같이 당연한 일이고 오히려 자기들의 기쁨과 보람이 더 컸다며 겸손함을 감추지 않았다. 밤이 깊어지면서 이참에 청년회를 만들어 체계적으로 활동해 보자는 쪽으로 의견이 모아졌다. 회장과 총무와 회계가 세워지고 가입연령도 70세까지로 정해졌다. 스스로 참여하고 마을을 위해 봉사한다는 취지로 새마을 운동의 기치와 유사한 자조·자립·협동의 봉사단체로 성격도 개념 지었다. 활동을 위한 비용도 모두 회비로 마련하기로 했다. 회원의 참여도 마을에 사는 정회원과 객지에서 후원하는 후원회원을 두기로 했다. 회칙과 제반 활동 영역도 빠르게 마련되었다. 지난 가을에는 마을 입구의 솔숲을 깨끗이 청소하고 예쁜 철쭉을 심고 둘레 목을 설치하여 아름답게 단장했다. 올봄에는 갈대와 억새 등 잡초로 우거진 마을 앞 냇가를 말끔하게 정리하여 쾌적한 마을을 만드는 데 다 함께 힘을 보탰다. 마을의 초상이나 거동이 불편한 어르신의 농사를 도와주는 등 궂은일을 해결하는 데 앞장서고 있다. 과거에는 보수적이고 큰기침하는 마을 어른들이 좌지우지했던 마을의 사업이나 큰일도 이제는 청년회가 하자는 대로 하면 된다고 적극 힘을 모아주고 있다. 마을의 상징이며 자랑거리인 알봉과 솔숲을 보존하고 자원화하는 구상도 밝히고 있다. 아이들 울음소리 하나 들리지 않던 알봉 마을의 청년회가 새롭게 부활하면서 활력

있는 마을로 바뀌고 있다. 최근에는 방송과 언론의 주목을 받으면서 마을뿐만 아니니라 객지의 출향인들도 관심과 후원이 늘어나고 있다. 그래서인지 알봉 마을에 가면 노인도 청년이 된다는 말이 생겨났다. 고향으로의 귀촌을 꿈꾸는 후배 청년들이 더 많아졌으면 하는 기대를 해 보며, 나이는 숫자에 불과하다는 이야기를 실감하고 있다.

역지사지의 마음으로

여유가 생겼다. 워크숍 시작까지 시간 반이나 남았다. 이른 점심을 먹고 홀가분한 마음 주변을 둘러본다. 하나의 산 일진데 부르는 이름이 여럿이다. 오늘은 치명자산이라 부른다. 천주교 성지로 잘 알려진 곳이다. 주차장에 차를 두고 가파른 산길을 오른다. 한참을 오르다 보면 산허리쯤 천주교 박해로 일곱 사도가 잠들어 있는 묘소와 성당이 있다. 그리고 그 아래쪽을 돌아 십자가의 길이 있다. 산에서 내려오니 평화의 전당이 중세풍의 건축양식을 자랑하며 묵직하게 서 있다. 바람 쐬는 길이란 푯말이 눈에 띈다. 많은 사람이 겨울을 털고 이른 봄기운을 즐기고 있다. 얼굴엔 생기가 돌고 느릿느릿 걷는 발걸음이 나른한 봄 마당을 즐기는 듯하다. 천변의 갯버들이 솜털 같은 꽃눈을 달고, 여린 새순들은 뾰족이 마른 풀 사이로 얼굴을 내밀고 있다.

　마을큐레이터로 새로운 일에 도전하고 있다. 경험도 없다. 단 한 가지, 매력적일 듯해서 관심이 깊다. 주 3회 12시간을 마을과 행정 조직 중간에서 마을의 활력을 회복시키고 다양한 마을 공동체 사업을 도와주고 지원하는 조정자 협력자로서 해야 할 역할이다. 본격적인 일을 시작하기에 앞서 '민주적 소통과 진행자'라는 주제 아래에 1박 2일 워크숍을 치명자산 기슭에 있는 평화의 전당에서 개최하기로 계획되어 있는 날이다. 평화의 전당을 한 바퀴 둘러본다. 장방형 4층 건물이 서로 연결되어 있고, 정면과 후면은 각종 미사와 활동을 위한 공간과 세미나실 식당 등이 배치되어 있다. 양 측면으로는 길게 통로를 따라 쉼과 명상을 함께 할 수 있는 2인실 방이 백여 개 남짓 배치되어 있다. 방 내부에는 침대와 조그만 탁자와 의자가 2인용으로 비치되어 있고 성경책과 필기구 정도가 전부다. 특이한 점은 일반 객실과 달리 시계나 텔레비전, 컴퓨터 자체가 아예 없다는 점이다. 숙박하면서 마음을 다스리고 쉼을 얻으며 기도와 말씀 묵상으로 마음의 자유와 평안을 찾아가는 수도원 같은 곳이다. 다만, 이용객의 대상에는 제한 없이 개방된 열린 공간이다. 방과 건물을 둘러보면서 마음이 맑아지고 경건하다 못해 엄숙해지는 것을 느끼게 한다.
　워크숍의 모든 주제와 내용은 소통으로 연결되어 있다. 프로그램 기획자가 주도하면서 참여자 모두가 매시간 몸짓과 행동으로 학습

하고 느낌의 상호공유와 토론으로 이어지는 형태이다. 상반된 역할을 통해 느낌을 표현해 보고, 진정한 민주적 소통이 무엇인가에 대한 스스로 답을 찾아가는 신선하고 색다른 느낌이 들게 하는 프로그램이다. 오후 교육 일정이 마무리되고 참석자 모두가 저녁을 함께하는 시간을 가졌다. 음료와 소주잔을 곁들여 가면서 교제도 하고 낮에 활동에 대한 느낌도 나누어 보는 시간을 가졌다. 짧은 시간이 아쉬웠는지 숙소로 돌아와서도 각자 방으로 가지 못하고 세미나실로 하나둘 모여들기 시작했다. 뒤풀이를 좋아하는 친구는 식당에서 마시다 만 소주병을 들고 오기도 했다. 진행팀에서도 맥주와 간단한 안주를 준비해 주었다.

공교롭게도 같은 시간에 건물 예배당에는 금요 저녁 미사가 시작되고 있었다. 내면에 갈등이 일기 시작했다. 나의 상식과 생각이 이 자리를 완강히 거부하고 있었다. 말할 수 없는 불편함과 안절부절못하는 자신을 견딜 수가 없었다. 거룩한 성전에서 우리의 쾌락과 즐거움을 위하여 술을 마시며 잡담하고, 성전의 거룩한 미사 분위기를 훼손하고 있다고 생각하니 참을 수가 없었다. 옆 방에서 미사 의식이 진행 중인데 신자 여부를 떠나서 이 무슨 망나니 같은 행동이란 말인가? 소리 없이 자리를 벗어나 숙소로 올라왔다. 동료들의 행동에 화가 치밀어 올랐다. 호흡을 두세 번 크게 하고 회개의 기도를 올렸다. 그래도 마음의 불편함이 채 가시지 않아 어느 교회 목사님의 설교 말씀을 내려받아 듣기 시작했다. 목사님이 어느 친구의 사례를 소개하고 있었다. 믿음을 굳게 지키겠다고 술과 여자와 세상 풍속을 멀리하고 오로지 기도와 예배에 관한 전통과 교회 지식에 철저했던 사람이 세속에 어울리며 교회 생활에 충실하지 못한 친구를 향해 "너는 왜 신앙생활을 그렇게 하느냐"고 책망과 비판을 많이 해 온 친구가 자신의 잘못된 믿음을 고백한 적이 있다는 내용을 소개하고 있었다. 결론인즉 예수쟁이로 산다는 것 즉, 믿음으로 산다는 것은 교리적 지식을 충실히 지키고 사는 것이 아니라 진정한 예수님의 마음을 품고 사는 것이 참된 믿음이라는 내용이었다.

조금 전의 일이 떠오르며 나를 두고 하는 말씀처럼 들렸다. 나의 잘못된 성경적 지식과 생각으로 다른 이들의 행동을 재단하고 비판하는 것이 얼마나 위험하고 속 좁은 생각인가를 생각하게 알려주고 있었다. 낮에 함께 했던 역지사지의 역할극을 소통과 관계 속에서 바르게 적용하는 지혜를 찾아봐야 하겠다.

제4부

옛것과 새것의 경계 / 오래된 집 / 아픈 손가락
칼로 물 베기 / 탓이 아닌 자연스러운 일 / 포기의 열매
하루하루가 기적이다 / 행복의 문을 여는 열쇠
헐렁한 사람 / 후회 / 흙의 아우성

옛것과 새것의 경계

　세간살이 비워 낸 허연 거죽에 뼈만 앙상하게 남은 초가삼간, 모진 비바람과 궂은 세월 버텨 온 옛집이 굴착기 한 방에 지붕과 대들보마저 맥 한 번 못 추고 폭탄 맞은 듯 폭삭 주저앉는다. 아버지 운명하셨다는 비보처럼 철렁 가슴이 내려앉았다. 아들에게 기둥과 대들보와 서까래는 아버지였고 바람벽과 구들장은 어머니 그 자체였다. 방황과 좌절의 시간, 세상의 따갑고 차가운 시선을 피하고 싶었던 순간에도 말없이 품어주고 토닥거려 주던 오지랖 넓은 어머니 품속 같은 곳이었기 때문이다. 칠 남매의 태자리에 아스라한 추억과 유년의 이야기가 동화처럼 살고 있고, 한자리에 모이면 누가 먼저라 할 것도 없이 고향 집에 대한 어릴 적 이야기가 보따리를 풀어놓은 듯 줄줄이 꼬리를 물었다. 밤을 지새우게 하는 추억의 보물창고였던 정든

집이었기에 허전함과 미련이 더 컸을 것이다.

고향 시골집은 늘 옛것과 새것의 경계에서 안락함과 불편함이 공존하는 공간이었다. 도시에서 사는 자녀들이 여름 한 철이나 명절 때 오래된 시골집에 오면, 기대와는 달리 불편하기 그지없었다. 우선 방이 비좁아 잠자리가 불편했고 보일러가 없어 겨울날 아침에 세면을 하려면 아궁이에 불을 지펴 물을 끓이고 그것도 모자라 순서를 기다려야 했다. 화장실도 하나이기에 먼저 일어나면 우선 화장실 먼저 가서 볼일을 미리 봐 두는 게 상책이다. 그래도 어른들은 알아서 눈치껏 문제를 해결한다. 그렇지만 네댓 살 아이들에게 마당도 아닌 삽작 문간에 있는 화장실까지 가는 일은 보통 일이 아니었다. 그래서 큰일을 보고자 할 때는 배가 아플 때까지 참고 견디다가 참다못한 녀석은 울음보를 터트리기도 하고 징징거리며 집에 가자고 엄마 아빠를 성가시게 했다. 그러니 아들이나 딸이 하룻밤 자고 가려고 해도 아이들 성화에 못 이겨 저녁만 먹고 도망치듯 시골집을 나서는 어이없는 일이 종종 생기기도 했다. 명절이 되면 이런 불편함은 더욱 심해진다. 밥도 두 번씩 나누어 먹어야 한다. 먼저 남자 어른들과 아이들이 한번 먹고 나가면 다시 상을 차려 여자들이 먹는다. 잠자리도 주방까지 차지하고 늦게 잠자리에 드는 사람은 비좁은 틈을 비집고 새우잠을 잔다. 큰방은 할머님을 비롯한 여자들이 윗방은 아버지를 비롯한 남자들이 잔다. 칠 남매가 장성하면서 모퉁이 뒤주를 헐어 방을 들여 공간을 늘렸지만, 장손인 형님이 결혼하면서 우리는 여전히 한 이불 다동이 신세를 면할 수가 없었다. 그러다 보니 서로가 불편하기에 일부는 읍내에 사는 조카 집에 가서 자고 오고, 누구는 아이들 핑계 삼아 명절 당일 아침에 일찍 와서 조상님 모시고 성묘하면 곧바로 자기 집으로 돌아가기도 했다.

아버지는 일제 강점기 만주로 이주해 살다가 해방이 되자, 만주에서 고향 장수로 돌아오셨다. 개성에서 길이 막혀 사흘 낮 밤을 걸어 빈 몸으로 고향에 들어오셨으니 오갈 데가 없었다. 기거할 곳이 없어 친척 집 어느 아래채 문간방에서 오막살이를 하던 아버지는 삼대독자 어린 가장이 되어 장작 장사를 시작했다. 초저녁에 잠깐 눈을 붙이고 십 리가 되는 장터 길로 지게 짐을 하고 다녀오면 새벽닭이 울었다. 이 옛집은 아버지 열여덟 되던 해 인근의 목수를 들여 이 집을 지었다 했다. 애초에는 본채만 있었고 아래채는 그 후에 지었다는데 태어나기 전이라 기억에 없다. 다만 행랑채는 그 후 1960년대 후반쯤 지은 기억이 난다. 본채에는 여덟 자 방이 큰방과 윗방으로 두 개 있었고 마루를 지나 큰 방 쪽으로 정지라 부르는 부엌이 있었다. 무쇠솥을 두 개 걸어 놓은 아궁이가 있고 아궁이 맞은쪽에는 가름대 위에 얼기설기 판자를 놓은 살강이 아래위 두 단으로 벽에 붙어 있었다. 그 아래에는 어머니 전유물인 항아리와 물동이가 또바리와 함께 가지런히 놓여 있었다. 삐거덕거리는 정지문을 열면 작은 허청이 있고 땔감과 갈퀴나무가 늘 어머니를 기다리고 있었다. 그 시절에는 아이들이 부엌에서 불장난하다 나뭇더미에 불이 옮겨붙어 세간을 다 태워 버리는 불상사가 소문을 타기도 했다. 연탄이 보급되고 새마을 운동을 거치면서 부엌 개량이 시작되었고, 기름보일러가 들어오면서 정지가 부엌이란 이름을 달고 집 안으로 들어오기 시작했다. 나뭇가리가 없어지고 전기와 기름으로 냉난방과 취사를 할 수 있는 편리한 시대를 맞이하였지만, 그런들 시골의 생활양식이 도회지를 따라갈 수는 없었다. 우물 대신에 수도꼭지가 달리고, 빨래터 대신 세탁기가 들어오고, 아궁이 연기에 매운 눈물을 흘리던 부엌조차 집 안으로 들어왔지만, 유독 큰일 보는 화장실만은 내어놓은 자식처럼 마당도 아닌 대문 밖에 그대로 유물처럼 남아 있어야만 했다. 아마도 고지식한 옛 어른들이 뒷간을 집안으로 들이는 것을 터부시하거나 탐탁지 않게 여겼을 것이다.

　어느덧 그 많던 칠 남매가 저마다 결혼하여 자식 낳고 출가하고 나니 형님 내외분만 시골집을 지키게 되었다. 그러면서 장성한 조카들까지 젊은 날 고생 하셨으니 불편한 옛집을 헐고 다시 지으라 성화를 대기 시작했다. 형님 내외도 생각은 있었지만, 결정을 내리는 일이 결코 쉬운 일이 아니었다. 우선 아버지가 지으셨고 칠 남매를 낳고 길러준 태자리였기 때문에 쉽게 결정하지 못했던 것이 가장 큰 이유였을 것이다. 더욱이 타지 한 번 나가보지 못하고 붙박이처럼 옛집에 오래 살아 온 형님에게는 자기의 분신과도 같은 존재였을 것이다. 그런데도 자의 반 타의 반 새집을 짓기로 한 것이다. 집안 구석마다 쌓여있는 묵은 살림이 얼마나 많은지 정리를 하는 데 끝이 없다. 창고 겸 곳간으로 쓰고 있던 아래채에서는 장대며 못자리판이며, 곡식 말리던 덕석 등 시대가 변하여 쓰지 않고 보관해 두었던 생활 도구와 오래 묵은 별별 살림들이 끊임없이 들려 나왔다. 쉬지 않고 나오는 지난날의 흔적과 유물을 보면서, "이런 걸 지금까지 보물단지처럼 쟁여 두고 있었네" 하면서 쓸모 없어진 물건들을 보며 헛웃음을 치기도 하고, 기억 속에 희미해진 옛것을 보고서는 무슨 금덩어리라도 만난 듯 환호성을 지르기도 했다. 헛간 구석에서 구멍 숭숭한 등받이에 검버섯까지 핀 뼈만 남은 지게를 발견하고는 가슴이 먹먹해졌다. 평생을 오롯이 지게 등짐으로 칠 남매 키워 내셨던 유일한 버팀목 아니었던가. 두 분이 남겨 둔 연장과 세간살이를 보면서 잠시 우리는 옛 기억 속으로 스며들고 있었다.

두 분이 살아 온 흔적과 유물들을 어떻게 정리해야 할지는 숙제로 남겨 두기로 했다. 조카들은 그러한 유물이나 옛 소품들을 지금이 어느 시대라고 보관해 두느냐며 쓸모없는 잡동사니나 쓰레기 취급을 하지만, 가난과 설움을 겪어보지 못한 세대가 어찌 그 안에 숨겨진 의미와 가치를 알 수 있으랴. 겪어보고 느껴 본 자들만이 가질 수 있는 추억이고 향수이며 소중한 유산이기 때문이다. 일제 강점기와 6.25 전쟁 이후 보릿고개를 넘어 가난하고 부족한 시대를 살아 온 우리에게는 금쪽보다 더 귀한 추억이고 소중한 정신적 자산으로 남아 있는 것이다. 지나온 과거일지라도 유독 배고프고 서럽던 시간의 기억들만 추억으로 남는 이유는 무엇일까? 불현듯 옛것과 새것의 경계에서 남은 자의 생각이 깊어진다.

오래된 집

　법화산 자락이 밀고 내려와 똬리를 튼 곳, 할미산이 황금알을 불끈 밀어 올리는 풍경을 마주하는 곳, 거기에 잠들지 않는 고향이 있다. 아침에 일어나면 백화산이 거인처럼 성큼 눈앞에 서 있고, 시선을 좌로 하면 남덕유산이 한눈에 들어오고, 오른손을 휘이~ 지으면 듬직한 장안산이 품에 안긴다. 마을이 훤히 내려다보이는 화양리 475-1번지 아흔이 넘은 오래된 집, 거기에 유년의 박물관이 있다.

　법화산이 마을을 품고 성지 골, 불무 골, 서당 골에서 솟구친 물길이 마을을 가로질러 유천에 이르고, 장안산 지지 골에서 시작된 지천과 합하여 금강이 물길을 연다. 큰대(大)자 형상을 띠고 마을 가운데에 고대 족장의 무덤인 양 알봉이 솟아 있어 붙여진 이름 난평(卵坪)

마을이다. 그중 사람이 머리를 두른 자리 상지 담에 나의 유년이 살고 아버지가 살고 아버지의 어머니가 살았던 오래된 고향 집이 있다.

구십팔 호가 살았던 마을에서 상지 담에는 일곱 지붕 아래 열 한 가구가 옹기종기 모여 살았다. 아래채에도 부뚜막을 걸어놓고 살림집을 꾸몄다. 전주에서 비포장 시골길을 버스로 세 시간하고도 반이나 더 가야 하는 산골은 산자락을 개간하여 고구마나 밀보리를 심었고 더러는 담배 농사를 짓거나 고랭지 무를 심었다. 사람들은 몇 안 되는 지주들의 토지를 얻어 소작하다가 쌀 계를 타거나 돈을 모으면 반듯한 논 한마지기 사는 것이 꿈이었다.

우리 집도 예외는 아니었다. 삼대독자인 아버지는 해방 전 초근목피로 입에 풀칠도 어려운 시절 북간도로 이주해 타국살이를 하다가 해방이 되자 고향으로 돌아와 가정을 이루고 생계를 꾸리기 시작했다. 열여덟에 가장이 된 아버지는 종중 토지 한 귀퉁이를 빌려 산자락 아래 토담집을 지었다. 그리고는 주변을 개간하여 밭을 일구고 터를 잡고 살았다. 뒤 안에는 나지막이 돌담을 쌓고 감나무 두 그루를 심었다. 감나무 아래는 엎드려 고개를 내밀면 입에 닿을 수 있는 옹달샘을 팠고, 감나무 앞에는 널찍널찍한 돌을 궤고 장독대를 두었다. 장독대 주변은 여느 집과 마찬가지로 봉숭아를 심었다. 여름이면 할머니께서 손주들 손톱에 봉숭아 물을 들여 주셨다. 할머니는 증손주가 대학에 갈 때까지 고부지간에 장을 직접 담그셨다. 그리고는 이듬해 봄까지 씨간장을 늘 남겨 두셨다. 가을이면 비어있는 단지에 잘 익은 감을 담아 두셨고, 수룡 골 최부잣집 산에 심어진 고염을 얻어와 자그마한 옹기에 꼭꼭 눌러 재워 두셨다. 할머니는 긴긴 겨울밤이면 화롯불이 다 사위어갈 때까지 어둠이 깊도록 이야기보따리를 풀어 놓으셨고 배가 출출해지면 호야 등을 잡고 장독대 홍시와 찰진 고염을 한 종발 퍼 오셨다.

본채의 정지 뒷문을 열고 나서면 곧바로 장독대를 만날 수 있었고 옆에는 사철 마르지 않는 돌로 쌓은 옹달샘이 있었다. 장독대가 있는 뒤 안에는 정지 뒷문 가까이에 고추나 깨를 갈아내는 함지박 같은 학독이 고인돌처럼 아랫배를 괴고 있었고, 큰 방 뒷문을 열면 툇마루가 놓여 있었다. 여름날이면 으레 어머니께서 앉은뱅이 소반에 툇마루로 점심상을 내어 오셨다. 시원한 샘물에 텃밭 오이채를 썰고 풋고추에 소금과 사카린을 넣은 오이채에 대소쿠리에 담아 둔 보리밥 몇 덩이로 허기를 채우고는 했다. 점심상을 물리신 아버지는 목침을 베고 감나무 그늘진 툇마루에서 잠깐의 꿀잠을 즐기셨다.

본채는 방문을 열면 백화산이 바라보이는 동향집이었다. 삽작은 행랑채를 통해 북쪽을 향하고 있었다. 삽작을 따라 천수네 미나리꽝을 지나면 춘자네 집이 나오고 춘자네 마늘밭을 건너면 마을을 관통하는 냇물이 흐르고 있었다. 거기에서 큰 재를 오르는 물길을 따라 화강암 반석이 끝없이 펼쳐져 있었다. 모두는 이를 반석이라 불렀고 자연스레 냇가 이름도 반석이라 불리고 있었다. 골골이 버들치와 가재가 살고 있었고, 초복 무렵이면 노란 나리꽃이 아이들의 시선을 사로 잡았다. 여름밤이면 반석은 마을 사람들의 사랑방이고 놀이터였고 잠자리였다. 대낮에 달구어진 반석이 구들장을 지고 누운 것처럼 따뜻했고, 물길을 거슬러 불어오는 밤바람에 홑이불 하나로 잠을 청할 수가 있었다. 아이들은 풀밭의 반딧불을 쫓기도 하고, 별자리를 배운 아이들은 별자리를 찾다 잠이 들고는 했다.

대문이 들어서 있는 행랑채에는 돼지우리와 허청이 있었고 대문 반대편에는 광을 하나 들여놓았다. 광에는 사방 벽에 시렁을 두르고 잡다한 농기구와 곡물 포대를 넣어 두었다. 허청 한 칸을 가운데 두었는데 여기에는 아궁이 재를 모아 두는 잿간을 두었다. 할머니는 아침마다 식구들이 배설한 오줌을 거름에 보탠다고 잿간에 뿌려 주었다. 잿간의 재는 이듬해 부추밭에 밑거름으로 뿌려졌고, 재거름을 먹고 자란 부추는 여름 내내 우리 집 밥상머리에 반찬이 되어 주었다.

아래채는 행랑채와 마주 보고 있었다. 네 칸이었는데 본채에서 제일 먼 바깥 칸에 변소가 있었고 다음은 소 우리가 차지하고 있었다. 그 옆에는 커다란 아궁이에 쇠죽솥이 걸려있는 소 우리 옆에 아랫방이 붙어 있었다. 겨울에는 소도 사람과 같이 따뜻한 밥을 먹어야 한다고 여물을 건초와 섞어 쇠죽솥에 끓여서 먹였다. 쇠죽솥 아궁이는 불땀이 오래 가는 장작을 땠다. 장작으로 쇠죽을 끓이며 달궈진 구들장은 겨울밤마다 펄펄 끓었고, 그 방은 늘 할머니 차지였다. 손주들은 밤마다 할머니 가까운 잠자리를 차지하려고 쟁탈전을 벌이고는 하였다. 아랫방에는 남향으로 들창문을 내 두었는데 아래채 뒤에는 오래된 밤나무가 대여섯 그루 서 있었다. 가을날 밤톨이 여물고 비바람이 칠 때면 밤송이 떨어지는 소리가 양철지붕을 요란하게 흔들어댔다. 비가 그치고 이른 새벽이면 할머니는 남포등을 들고 실하게 여문 반지르르한 밤톨을 한 소쿠리씩 주워 오시고는 했다. 이 밤나무 숲은 상지 담 아이들의 유일한 놀이터이기도 했다. 아래채 마지막 칸은 뒤지로 사용하였다. 가을에 타작이 끝난 벼를 저장해 두는 나락 곳간이었다. 뒤지 문은 납작하고 길쭉한 열 개의 판자문을 홈으로 파 놓은 문기둥에 숫자대로 끼워 사용하였다.

본채 남쪽 기둥 모서리를 돌아서면 모퉁이라 불리는 공간이 있었다. 본채 남쪽 처마 밑으로는 작은 방으로 들어갈 수 있는 쪽문이 나 있었다. 장정은 머리뿐만 아니라 허리까지 숙여야만 드나들 수 있는 작은 빗살문이었다. 아버지는 겨울마다 남향으로 나 있어 따사로운 햇살을 받는 문간에서 새끼를 꼬거나 가마니를 꿰매는 일을 하시고는 하셨다. 처마 밑으로는 쇠죽솥 아궁이에 땔감으로 쓸 장작을 가지런히 천정까지 쌓아 놓았다. 모퉁이 담장 아래에는 따뜻한 겨울을 나기 위해 땔감을 산더미처럼 쌓아두는 나뭇가리가 겨울을 기다리고 있었다. 늦가을 낙엽 지기 시작하면 아버지는 마을 장정들과 함께 뒷산에 올라 나무 짐을 해 왔다. 행정에서는 점점 민둥산이 되어 가는 벌거벗은 산을 지키기 위해 산림녹화를 외치면서 산에 나무를 심었고, 산림계를 나무 짐 길목에 지켜 서서 단속하고는 했지만 속

수무책이었다. 전기나 기름이 없던 시절이라 온전히 땔감에 의지할 수밖에 없었으리라.

본채에는 방이 큰방과 작은 방 두 개가 있었다. 큰방은 여덟 자, 작은 방은 여섯 자 방이었다. 그리고 마지막으로 도장방이라 하는 2평 남짓한 방이 작은 방 뒤로 붙어 있었다. 이 도장방에는 종자나 양식, 집안의 중요한 물건과 놋쇠 그릇이 시렁에 올려져 있었다. 지붕은 산죽과 억새를 장안산 깊은 골에서 실어와 이엉을 엮어 지붕을 올렸다. 겨울에는 따뜻하고 여름에는 시원했지만 무겁고 반영구적이지 못해 새마을운동이 시작되면서 모두 함석이나 슬레이트 지붕으로 바꾸고 말았다.

농토가 없는 아버지 어머니는 눈만 뜨면 논과 밭으로 나가고 달이 뜨고 별이 돋아야만 집으로 돌아오셨다. 할아버지께서는 밤길에 큰재를 넘다 늑대무리를 만나 혼이 빠져 사나흘 시름시름 앓다 서른일곱에 돌아가셨다 한다. 일찍 과부가 되어버린 할머니는 칠 남매 손주를 혼자 등으로 업어 키우셨다. 그러니 아버지 어머니 등에 업혀 본 기억은 도무지 없고, 할머니 품에서들 자랐으니 할머니 남겨 둔 정이 어떠했으랴!

집주인 모두 떠나고, 굴삭기 한 방에 옛 모습을 잃어버린 오래된 옛집이 서럽게 서럽게 그리워지는 것은, 어린 날의 기억이 고스란히 추억으로 박물관처럼 남겨져 있고 나의 유년이 아직도 거기에 살고 있기 때문이리라. 어른이 되어서도 고향이 그리워지고 까까머리 친구가 보고 싶어지는 것은 옛집과 골목길과 들판을 개구쟁이처럼 휘젓고 다니던 그 시절이 추억으로 새겨 있기 때문이 아닐까. 오늘따라 옛친구가 더 보고 싶어진다

아픈 손가락

좋은 일만 있으란 법도 나쁜 일만 있으란 법도 없는 것 같다. 살다 보면 앞을 보아도 뒤를 보아도 길이 보이지 않을 때가 있다. 끝이 보이지 않는 캄캄한 동굴을 지날 때도 있다. 남의 불행으로만 여겨졌던 일이 내일이 되어 버릴 때가 있다. 어둠 속에 갇혀 있을 때는 한 줄기 불빛이 유일한 위로가 되기도 한다. 그렇듯이 깊은 슬픔이나 모진 아픔 가운데 있는 사람에게는 같은 처지에 있는 누군가의 한마디가 일어설 힘이 될 때가 있다.

대전에 사는 딸이 친정을 찾았다. 아내가 김장하면서 맞벌이로 바쁜 딸을 위해 두 통의 김장을 더 한 것 같다. 아내가 직접 가져다준다 했지만, 굳이 가지러 온다는 뜻을 꺾을 수 없어 승낙했다. 그런데 집안을 들어서는 딸의 표정과 목소리가 예전과 같지 않다. 목소리가 기어들어 가고 안색마저 핼쑥해 보였다. 자초지종을 따져 물을 수도 없어 모르는체하고 먼 길 오느라 피곤할 텐데 들어가 좀 쉬라며 방으로 들여보냈다. 아내는 뭔가를 알고 있는 듯한 표정이다. 아내가 소맷자락을 잡아끈다. 안방 침대에 앉히더니 놀라지 말라며 미리 귀띔을 준다. 오늘 전문가 아이 심리 상담을 다녀왔는데 자폐증 경계라는 것이다.

   자초 지청을 듣기 전만 해도 아이가 유별난 아이라고만 생각했지만, 그 얘기를 듣고는 가슴이 먹먹해졌다. 자폐 경계에 있는 아이들의 특징이 불러도 대답하지 않고 눈을 마주치지 않는다든지 친구와 어울리려고 하지 않는다. 그리고 소리를 지르기도 하고 어떤 말이나 행동을 반복적으로 되풀이한다고 한다. 가만히 생각해 보니 손주 녀석의 행동이 그러한 태도와 행동을 보였다. 두 살 무렵부터 아이는 엄마의 껌딱지였다. 잠시도 엄마를 떨어지지 않으려 했고, 어린이집을 보내는 일도 쉬운 일이 아니었다. 어린이집에서도 가끔 아이 엄마에게 보내 주는 원생 수첩을 보면 아이들과 잘 어울리지 않는다는 내용이 많았다. 가족 중에서도 유독 할아버지인 내가 다가서려 해도 경계하며 붙여주지 않았다.

   지난여름 휴가차 딸이 친정에 왔을 때 일이었다. 손주 녀석이 심하게 떼를 쓰고 소리를 지르기에 할아버지인 내가 큰소리로 야단을 친 적이 있다. 아이가 놀랐는지, 아니면 겁을 먹었는지, 그 후로는 할아버지 눈치를 계속 보고 피하는 행동을 보였다. 딸과 사위는 그러한 나의 행동에 직접 말을 안 했지만, 서운한 감정을 느꼈을 것이라는 생각하니 자책감과 함께 마음이 시려 왔다. 정신적으로 아픈 아이의 속사정을 알지 못하고 떼를 많이 쓰는 아이, 고집이 센 아이, 독특한 아이라고만 생각했던 스스로가 원망스럽기까지 했다. 아이가 자폐를 겪다 보니 당연히 언어학습도 늦고 사람을 멀리할 수밖에 없었다. 반면에 아들네 손주는 붙임성도 좋고 할아버지 할머니를 잘 따르니, 은연중에 두 아이를 대하는 할아버지의 태도가 티가 날 수밖에 없었던 모양이다. 그때마다 아내는 그런 티를 내지 말라고 수시로 눈치를 주고 했지만, 표시가 났던 모양이다.

  손주 아이는 또래의 아이들보다 말을 배우는 속도나 사회성이 늦고 뒤쳐져 있었다. 우리가 아이들을 키울 때도 또 주변에 그러한 아이들을 제대로 접할 수 없었기에 아이가 좀 성장이 늦은가 보다 하고 대수롭지 않게 생각하고 있었다. 성격이 그런가보다 라고 생각했고 때가 되면 좋아지겠지 하고 생각했다. 딸에게는 너무 예민하게 받아들이지 말라고 타이르기도 했다. 그러나 '자식에 대해서는 부모만큼 잘 아는 사람이 없다'라고 딸은 아이의 심각성을 그냥 지나치지 않고 줄곧 관찰하고 있었다. 그러한 아이의 행동이 심각하다고 생각한 딸이 아내에게 털어놓고 전문가 상담을 받기로 한 것이다. 휴가를 내고 전문가를 찾았다. 상담 결과는 걱정했던 대로였다. 우선 주 1회 정도 부모와 동행하여 1시간 정도 치료를 우선 시작하고 경과를 보아 가면서 횟수를 늘려가자는 것이다. 이 치료 방법을 따르려면 부부 중 하나가 일터를 그만두거나 치료 상황에 맞는 일터를 새로 구해야 한다. 지진이 난 것처럼 평온했던 가정과 일터가 뿌리째 흔들리고 있는 것 같다. 누구를 막론하고 가정에 아픈 사람이 있으면 온 가족의 신경이 그곳으로 모이게 된다. 특히, 심리적 정신적인 치료의 경우에는 주변의 사랑과 관심까지 더해져야 한다.

딸의 무거운 짐이 하나 더 늘었다. 매주 금요일마다 휴가를 내서 아이를 데리고 전문가에게 상담과 심리치료를 받아야 한다. 마흔이 다 되어서 아들 하나 얻었는데, 그 아이가 정상적인 아이들 같은 성장을 하고 있지 못하니 딸의 마음이 오죽하겠는가. 귀동냥이나 뉴스에서 접했던 일이 나에게도 생긴 것이다. 그런 일들이 예전에는 남의 일이고 그냥 스쳐 갈 뿐이었다. 그러나 이제는 내일이 되어 버린 것이다.

내 일이 아니어서 무심코 스쳐 지나고 말았던 수많은 누군가의 아픔과 고통과 눈물을 생각해 본다. 드러나지 않고 표현하지 않았지만, 얼마나 많은 가정이 가슴 한편에 아픔과 눈물을 숨기고 사는지 모를 일이다. 사람 일이란 다 양면성이 있는 것, 고통과 아픔과 눈물 뒤에 오는 웃음과 소망을 볼 수 없다면, 우리는 얼마나 많은 절망과 고통 가운데에서 살아갈 것인가. 딸과 아이의 아픔을 보면서 기도의 제목이 하나 더 늘었다. 이 기도가 우리 가정을 하나로 단단하게 묶어주고 마음을 모아 줄 것이다. 기약 없는 이 문제도 또한 지나가리라 믿어 본다. 아픔과 고통 속에 숨겨진 보석처럼 빛나는 감사의 열매를 만날 수 있으리라. 딸의 가정을 통해서 비슷한 형편의 가정과 그 부모들의 마음을 십분 더 이해할 수 있는 마음의 폭도 훨씬 넓어지고 깊어질 것이다.

　대문을 나서는 딸을 말없이 꼭 안고 등을 두드려 준다. 잔뜩 찌푸렸던 먹구름이 걷히고 서쪽에 파란 하늘 사이로 다사로운 햇살이 쏟아진다.

칼로 물 베기

　부부지간에 살다 보면 서로가 생각이 다를 수밖에 없고, 의견이 통일되지 않거나 방법이 달라서 불만스럽거나 결정이 유보되는 경우가 가끔 있다. 대개는 서로 다름을 인정하고 조금씩 비켜서거나 양보하고 이해함으로 문제가 해결되고 정리되고는 한다. 그러나 부부생활에서의 충돌은 일반적으로 묵은 감정이 폭발하거나 지난 일을 꺼내 들면서 서로의 상처를 건드리는 과정에서 비롯되는 경우가 다반사이다. 부부싸움의 발단도 아주 사소한 일상에서 의견과 생각의 차이로 생긴다. 중요한 일도 아니다. 예를 들어 자동차 운전 습관이나 변기 물 내리는 일, 전등 끄는 일등 소소한 일 가운데서 생기는 일이다. 그것들에 대한 잔소리가 내 영역에 대한 상관이나 간섭으로 느껴지면 잠자던 전투본능이 고개를 들기 시작한다.

우리 부부도 젊은 시절에는 많이도 다투었던 것 같다. 나의 가부장적 권위를 세우려는 고집 때문에 아내 의견은 무시되었고 결과는 나의 일방적 승리였다. 그러나, 중년을 넘으면서 아내도 이제는 제 목소리를 내기 시작했고, 때로는 자기주장을 굽히지 않기도 했다. 이러한 부부싸움의 결말은 모두가 패배자였고, 남은 것은 자신 스스로에 대한 부끄러움과 옹졸함, 그리고 서먹서먹함이었다. 누군가가 먼저 풀어야 하는데 이게 쉽지 않은 일이었다.

  언제부터인지 부부간에 이견은 있었지만, 언쟁하거나 목소리를 높여 본 기억이 나지 않는다. 최소 3년 정도는 그런 기억이 없는 것 같다. 그러다가 어제저녁에 사건이 터지고야 말았다. 추석 전날 아내가 채칼로 무를 썰다가 오른손 집게손가락을 심하게 다치는 불상사가 생긴 것이다. 급기야 병원 응급실에서 4바늘 봉합수술을 해야만 했다. 그 후로는 설거지를 할 수 없어서 집안의 자질구레한 일을 내가 도와주어야만 했다. 퇴근 후 저녁에 우연히 창고 문을 열자 재활용 쓰레기가 바구니에 넘쳐나고 있었다. 군소리 말고 처리했어야 했다. 그런데, 입이 방정이라고 "재활용 쓰레기가 왜 넘치게 놔두느냐"고 한마디 한 그것이 발단되었다. 마음속 한자리에는 집에서 별 할 일도 없는 사람이 게으름을 피우고 있다는 식의 불만이 표출된 것이다. 아내가 맞받아친다. 도와주려면 아무 소리 하지 말고 도와주든지 해야지 그렇게 한마디를 꼭 해야 하느냐는 이야기다.

  그 말은 내가 아내에게 자주 쓰는 말이었다. 순간 내가 당했다는 생각이 퍼뜩 들었다. 머릿속이 하얘지고 할 말이 막혀 버렸다. 궁여지책으로 "그 정도만 합시다" 한마디 내 던지고는 밖으로 나왔다. 특별히 갈 데도 없으면서 아파트 주변을 배회하면서 내가 왜 그 한마디를 했을까? 후회가 막심해졌다. 아내 말마따나 아무 군소리 없이 처리해 주었더라면 인심이나 썼을 판인데 말이다.

자신이 옹졸하고 철부지처럼 느껴졌다. 그동안 아내에게 쌓았던 인격적 신뢰와 성숙함이 송두리째 무너져 내리는 기분이었다. 기온도 차가워졌는데, 갈 데도 없다.

집으로 올라와 아내의 눈치를 살핀다. 아내도 겸연쩍은 모양이다. 시선을 돌리고 텔레비전만 보고 있다. 시선은 거기를 향하고 있지만, 속은 부글거리거나 아니면 나와 같이 아내도 후회하고 있을지도 모른다. 참 서먹서먹하고 분위기가 어색하다. 불편하다. 먼저 안방으로 들어갔다. 아내는 따라 들어올 기미가 보이지 않는다. 잠을 청해 본다.

이튿날 새벽 예배는 가야 하겠다. 서로 일어나 눈은 마주쳤지만, 아직도 서먹하다. 예배당 오고 가는 길 내내 서로가 한마디 말이 없다. 마주한 아침 밥상을 군고구마로 아침을 때운다. 서로가 별로 챙겨 먹고 싶지 않은 분위기다. 출근하기 전 그래도 "다녀오겠습니다". 인사를 먼저 건네 본다. 아내가 뒤따라 나오면서 모기만 한 목소리로 "다녀오세요" 반응한다. 하지만 아직도 어색한 분위기가 역력하다.

퇴근 후 돌아오니 좀 기분이 풀린 듯싶다. 올라오면서 엘리베이터에서 위층 젊은 남편이 자기 어린 딸아이가 많이 뛰어다니는 편이어서 소음 때문에 미안하다고 연신 미안한 인사를 한다.

  아내 표정이 좀 풀린 것 같다. 말을 걸어본다. 이웃집 이야기가 중매를 선다. 입이 열리고 있다. 그제야 아내 얼굴에 웃음기가 번진다. 젊은 날에는 아내가 먼저 잠자리로 들어와 팔베개를 청하며 자연스럽게 어색함을 풀고는 하였다. 참 좋은 해법이었는데 그 방법이 지금은 사라지고 없다. 중년이 되면서 서로 맞짱 뜨는 철부지 같은 사례가 생기면서부터였다.

  옛말에 '부부싸움은 칼로 물 베기'라 했다 '비 온 뒤 땅은 더 굳어진다고 했다' 이렇게 한바탕 전쟁을 치르고 나면 나름 더 성숙해지고 관계도 더 좋아지는 법을 경험으로 익혀 알고 있다. "노하기를 더디 하는 자는 용사보다 낫고, 자기의 마음을 다스리는 자는 성을 빼앗는 자보다 나으니라(잠:16:32) 성경 말씀이 처방전으로 주어진다.

탓이 아닌 자연스러운 일

십 년 전에만 해도 내가 이렇게 변할 줄 몰랐다. 지난 일을 긴가민가하고 엊그제 동료들 이름이 생각나지 않고 하는 선배들을 보면서 설마 설마 했던 일들이 나에게도 일어나고 있음을 온몸으로 느끼고 있다. 친구들이 모이면 쪼그라드는 기억력을 탓하듯이 '돌아서면 잊어버린다.'고 이구동성으로 말한다. 피부도 탄력이 떨어지고 자연스레 카메라에 얼굴 내밀기가 싫어진다. 요즈음은 겨울이라도 매일같이 샤워한다. 아내에게도 털어놓지 못한 비밀이 있다. 속옷이나 양말을 벗으면 진눈깨비가 떨어진다. 씻고 나서는 보습제도 꼼꼼하게 바른다. 그때뿐이다. 다들 나이 탓이라 한다. 그러나 생각하면 나만의 일이 아니고 다들 그러하다면 '탓'이라 하기에는 탓도 좀 억울한 느낌이 있지 않을까?

객지에서 회사에 다니면서 시간적 여유가 좀 생기면 종종 고향 집을 찾았다. 남들 다 가진 트럭도 경운기도 없어 모든 논밭 일을 오로지 등짐과 맨몸으로만 감당하는 분들이었기에 두 분에게는 한가한 날이 없었다. 기껏해야 하루나 이틀 정도이니 일손을 거들거나 아니면 아버지와 함께하면서 말동무라도 해 드리고 싶은 마음이었을 것이다. 아버지의 등은 늘 굽어 있었고, 어머니의 손가락은 뭉텅해진 손가락에 마디마다 낙타 등 같은 옹이가 울퉁불퉁 박혀 있었다. 아버지는 남들처럼 이런저런 생활 도구를 갖추어 놓고 살지 못했지만 변변한 면도기조차 없어 외출이라도 하시려면 거울을 보고 가위로 수염을 자르셨다. 그러나 턱수염은 어쩔 수 없이 종종 자식의 손을 빌리고는 했다. 잠자리에 들기 전 양말을 벗을 때에는 밖에서 벗으시고는 하셨는데 야윈 발등 위로 허연 진눈깨비가 우수수 떨어지는 것이었다. 비위가 상한 나머지 퍼뜩 목욕을 자주 안 하시나 본다는 생각이 들었다. 자식의 입에서 "아버지 목욕을 자주 해야 하겠어요"라는 말이 자연스럽게 튀어나왔다. 그 말을 들은 아버지는 무안하셨는지 헛기침을 두어 번 하시더니 수돗가로 도망치듯 나가셨다.

사람은 누구나 다 자신의 치부나 부끄러운 곳은 숨기고 싶어 한다. 그러나 나이가 들면서 오는 육체적 정신적 변화는 피할 수 없다. 아버지의 나이에 차 가면서 자연스레 아버지의 습관이나 행동이 투영되어 나타나고 있다. 가끔 아내가 당신 하는 행동을 보면 아버님을 보는 것 같다는 소리를 자주 듣는다. 아들들은 환갑 진갑을 넘어서면 얼굴에서 자기 아버지의 모습이 보인다고 한다. 그 아버지의 그 자식이니 당연한 일인지도 모른다. 요즈음 겨울철 만 되면 매일 샤워를 하고 양말은 꼭 욕실에서 벗는다. 아내는 지금도 모를 것이다. 아내도 그러는지 잘 모르겠다. 욕실 앞에 대형 보디로션이 놓여 있는 걸 보면 그녀도 그럴는지 모른다. 지금 생각하면 아무 말 없이 아버지 아들이랑 읍내 따뜻한 목욕탕 한번 같이 가요 하며 살갑게 등도 밀어 드리고 했으면 얼마나 좋아하셨을까 하는 아쉬움과 죄송함이 든다. 나이를 먹었다는 증거 일 게다.

살아있는 모든 것들은 때가 차면 시들기 마련이다. 나이 들어도 젊은 날처럼 팽팽하고 총기가 좋다면 어찌 되겠는가. 황혼기에 들면서 둔해지고 어눌해지고 쪼그라드는 정신적 육체적 변화는 누구의 탓도 아닌 것 같다. 탓이라고 하기에는 나이의 입장에서는 억울하지 않겠는가. 하나님이 만든 섭리에 따른 자연스러움으로 여기자. 나이 탓이라고 변명할 필요조차도 없다. 정도의 차이는 있겠지만 누구도 거역할 수 없는 변화기 때문이다. 훗날 노인의 길을 가야 하는 젊은 세대들도 저물어 가는 어른들의 이러한 변화를 애정 어린 눈으로 바라보아 주었으면 좋겠다는 바람을 가져 본다.

포기의 열매

 심야 기도를 마치고 성전 문을 나서는데 교육관 교회 학교 방이 환하다. 누가 불을 켜 놓고 간 것일까? 궁금해서 문 앞에 다가섰더니, 도란거리는 소리가 난다. 문을 열어 보니, 교회 학교 교사들이 한 쪽에서는 방을 꾸미고 오리고 붙이고 또 다른 한쪽에서는 프로그램을 만들고 논의가 한창이다. 6월부터 두 달 가까이 주말과 주일 그리고 저녁 예배 후 아이들을 위한 여름 성경학교를 준비 중이다.

 젊은 시절 교회 학교 부장 선생을 담임하면서 몇 날 며칠을 준비하고 아이들과 함께 잠자리를 함께했던 시간이 떠올랐다. 2000년 초반의 일이니까 그 당시에는 교회 학교 아이들도 삼사

십 명 정도나 되었고, 여름 성경학교 문을 열면 또래의 친구들이 동무해 와서 아이들이 축제 맛을 제대로 느낄 수 있었다. 컴퓨터를 통한 앱이나 프로그램이 개발되지 않아서 교사들이 손수 도표를 만들고 악보를 그려서 걸었다. 아이들에게 하나님과 말씀을 배우고 하나라도 더 기억에 남을 수 있는 추억을 만들어 주고 싶은 교사들의 열망이었으리라.

지금 나는 늦은 밤까지 여름 성경학교를 준비하고 있는 교사들의 모습에서 그 열정과 사랑을 목격하고 있다. 옛 생각이 돋아나서 교사들을 도와 함께 오리고 붙이고 정리하다 보니 그 옛날 교사로 돌아가 있었다. 자정이 다 되어서야 부분적 일이 나마 마무리 할 수 있었다. 내일은 휴일인 토요일인데도 청년 교사들이 함께 나와서 마무리 작업을 하겠다고 했다. 거기에 오후에는 마지막으로 운영 프로그램을 시연하고 연습해보자는 의견을 나누고 각자 집으로 돌아갔다. 곰곰이 생각했다. 우리 하나님은 어떤 눈으로 바라보고 계셨을까? 어떤 마음이 드셨을까? 집에 돌아와 잠자리에 누워서도 이리 행복할 수 없었다. 특별히, 젊은 청년 교사들이 각자의 삶과 생활의 영역에서 얼마나 바쁘고 고단할 터인데, 일터에서 일과가 끝나면 고된 몸을 쉬고 눕고 싶기도 할 것인데, 오로지 아이들의 영혼을 사랑하는 그 한 가지 일념으로 자신의 유익을 포기하고 헌신하는 그 마음이 얼마나 아름답고 고귀한 일인지 눈물이 났다. 자신의 욕망과 유익을 포기해야 보이는 것들이 있다. 하나님의 말씀 안에 숨겨진 그리스도의 사랑과 그분이 채워 주시는 영적 기쁨 아니겠는가? 교회 학교에는 여기에 덧붙여 더욱 감사해야 할 일이 있다. 삼십여 년 이상을 교회 학교를 위해 가꾸고 보살피고 헌신해 온 몇몇 권사 교사들이 있다. 어렵고 힘든 시기에도 교회 학교를 지켜 온 이들의 수고와 눈물의 기도가 없이 오늘의 교회 학교가 이렇게 건강하게 지켜질 수 있었겠는가? 참으로 감사할 일이다. 출산율이 현저하게 줄고 코로나 위기를 겪으면서 교회학교도 예외 없이 작아지기는 했지만, 아이들을 향한 교사들의 기도와 헌신과 사랑은 단 한 명의 아이가 남을지라도 변치 않고 지켜갈 것이라는 믿음을 보여 주고 있다.

여름 어린이성경학교! 무더운 여름철 교회마다 가장 빛나는 하나님의 여름 축제가 아닐까? 환호성을 지르며 예배당으로 달려올 고사리 같은 손길이 떠오른다. 별빛처럼 반짝거리는 아이들의 눈동자를 보고 싶다. 아이들의 해맑은 웃음과 아이들의 우렁찬 찬송이 여름 성전을 가득 채울 축제를 하는 것을 보고 싶다. 그 큰 기쁨을 위해 여름 성경학교 막이 내리기까지 아이들을 향하는 교사들의 눈은 더 초롱초롱하고 교회 학교를 밝히는 불빛으로 더 환하게 빛나고 있을 것이다.

이들의 헌신과 열망이 있기에 하나님의 나라가 확장되고 이어지며, 다음 세대가 세워지고 있는 것 아니겠는가? 다음 세대를 위해 여름 성경학교를 준비하고 어둠을 태우는 교회 학교 전도사님과 교사들에게 아낌없는 관심과 응원과 박수를 보낸다.

하루하루가 기적이다

　전화로 하기 어려운 말을 편지로 전하던 시절이 있었다. 스마트폰이 보급되면서 천재적인 두뇌를 가진 사람이 비용도 들지 않는 카카오톡이란 메신저를 만들면서부터 카톡방이 생기고 많은 모임이나 단체 구성원들이 시간과 공간에 구애받지 않고 대화의 소통을 이어간다. 때로는 공해처럼 여겨지기도 하지만, 이만한 소통 창구도 없는 것 같다. 친구나 연인 사이뿐만 아니라 가족 구성원들도 저마다의 단톡방을 통해 저마다의 소식과 근황을 전하고 있다.

　가족 단톡방에 하나뿐인 처제가 뇌출혈로 원대병원에 응급실에 있다는 문자가 올라왔다. 마른하늘에 날벼락 같은 전갈이었다. 그리고는 물어볼 사이도 없이 연달아 그 연유가 올라왔다. 장모님이 두어 달 전에 욕실에서 미끄러지는 바람에 척추에 골절이 생겨 병원 신세를 진 적이 있다. 장기간을 병실에 있다 보니 체력도 기력도 떨어지고 면역력도 약해진 탓인지라 퇴원하고 요양 겸 회복차 큰 딸인 우리 집으로 모시고 왔다. 이틀이 지나서였을까 오른쪽 어깨가 따갑고 쿡쿡거리며 아프다고 하시길래 살펴보았더니 벌겋게 대상포진이 솟아 있었다. 부랴부랴 통증의학과 입원을 해야 했다. 며칠이 지나도 경과가 시원치 않아 다시 종합병원으로 옮겨 치료했건만 온전한 이전 상태로의 건강이 회복하지 못하고 있었다. 장모님 집은 같은 시내에 사는 처제가 틈틈이 오가며 바미와 보미란 이름을 가진 애완견을 돌보며 관리하고 있었다.

  장모님 댁은 100여 평의 뒤뜰 텃밭이 있는 도심 속 전원주택이다. 그렇게 넓은 공간에서 자유스럽게 안팎을 드나들며 생활하시던 분이 본의 아니게 아파트 생활이라니 자나 깨나 내 집 타령이고 강아지들 끼니 걱정이다. 큰 딸네 집이라 해도 15층 고층이요 비밀번호가 겹겹이 보초를 서고 있는 성냥갑 같은 아파트이다 보니 답답함을 견딜 수 없었던가 보다. 일주일 정도 계시더니 내 집으로 가야겠다고 떼를 쓰시기 시작했다. 아직 온전한 몸이 아니므로 며칠 더 계시면 좋겠다고 했지만, 그 고집을 꺾을 수 없어 익산 장모님 댁으로 돌아가셨다.

  장모님은 슬하에 삼남이녀를 두셨다. 공교롭게도 두 딸만 가까운 지척에 살고 있고, 아들 셋은 모두 먼 곳에 살고 있다. 그러므로 모두 한자리에 모이는 일은 명절이나 부모님 생신 그리고 어버이 주간 정도이다. 그뿐만 아니라 모두 장성해서 손주들까지 딸린 식구들까지 있다 보니 갈수록 한자리에 모이는 것이 더 어려운 것 같다. 거기에 다들 아직도 부부 모두 일하고 있다. 그러다 보니 부모님을 찾아보고 챙겨야 하는 것은 지척에 사는 두 딸이 대부분 담당할 수밖에 없다. 장모님이 대상포진과 허리 협착으로 인해 거동이 불편해지자 두 딸이 교대로 친정을 드나들어야 한다. 장모님 병원을 드나드는 일부터 식사하는 일과 약을 챙겨 드시는 일까지 일상을 살피고 챙겨 드려야만 한다. 평일에는 큰 딸인 아내가 담당이지만, 휴일에는 처제가 도맡아 감당하고 있다. 이런 상황에서 처제가 뇌출혈로 응급실에 있다는 청천벽력 같은 소식이다. 알고 보니 장모님 댁에서 텃밭 정리를 하다가 쇠꼬챙이를 미처 보지 못하고 눈을 찔려 응급실에 가게 된 것이다. 당연히 병원에서는 출혈이 있으니 머리 사진을 촬영하게 되었고, 처제는 응급치료받고 집으로 오는 길이었다. 그런데 응급실에서 다시 다급하게 전화가 걸려 왔다. 머리 사진을 찍어 보니 뇌출혈이 의심된다는 이야기였다. 다시 내원하여 정밀 촬영을 해 보자는 것이었다. 부랴부랴 다시 병원으로 돌아와 정밀 촬영을 해 보니 미세한 뇌출혈이 발견되었다.

   정상적인 외래진료는 마감되고 응급실에서 주렁주렁 주사 줄을 달고 응급처치가 시작되었다. 수술 여부는 다음 주 월요일 전문의가 오면 상태를 보고 판단해야 할 일이었다. 일단 병실로 옮겨지고 절대로 움직이지 말고 안정을 취하라는 당부와 함께 연휴가 끝나는 진료 일정만 기다리는 처지가 되었다. 그렇게 태풍이 몰아치더니 큰 고비가 넘어가고 있는 듯싶었다. 하지만 향후 수술까지 해야 할지도 모른다는 모든 상황을 배제할 수 없다는 불안한 여운을 남기고 안과의사 선생님이 병실 문을 나갔다. 이 상황을 어떻게 생각해야 하는 것인가. 텃밭 정리 중 시력이 좋지 않아 쇠꼬챙이에 눈두덩이가 찔려서 출혈이 심해 응급실을 찾았는데 눈에 상처는 입었지만, 눈동자에는 피해가 없다. 이 일도 천만다행이지만, 안구 부분이라 머리 사진을 찍었는데 생각지도 않은 뇌출혈이 발견되어 뇌출혈에 대한 응급 치료가 진행되고 있다. 눈만 다친 줄 알고 일반 안과에 가서 지혈 치료만 받았다면 어찌했을까. 쇠꼬챙이에 찔린 것도 다행히 눈동자에 손상이 없는 것도 대형 종합병원으로 가게 한 것도 머리 사진 후 안과 선생님이 머릿속의 이상징후를 그냥 넘기지 않고 신경과 전문의사에 재진단을 의뢰한 것도 분명 예삿일을 아니었다. 모두 기적 같은 일이라는 생각이 들었다.

  돌이켜 보면 나 자신도 두세 번의 기적 같은 일을 경험한 적이 있다. 종이 한 장 차이로 생사를 넘나들었던 순간들이 있었다. 비단 나뿐이랴. 누구나 한두 번은 그런 순간을 넘어왔을 것이다. 어찌 보면 지금 이렇게 사는 하루가 기적 같은 일일 수도 있다. 병원에 가 본 사람은 다양한 질병과 사고로 고통과 절망 속에서 살아가는 분들을 만났을 것이다. 또 삶의 현장에서 생사를 오가는 극적인 순간을 스치고 있는 사람도 있을 것이다. 그 외에도 육체의 장애로 경제적인 생활고로 힘든 시간을 보내고 있는 사람도 부지기수일 것이다. 그뿐이랴. 자녀의 결혼문제로 고민을 털어놓는 친구도 있다. 어느 가정이든 속내를 들여다보면 크거나 작거나 드러내지 못하고 속으로 품고 사는 무거운 짐들이 다 있다. 나 자신도 물질적인 풍요를 부러워한 적도 공부 잘하고 번듯한 직장 다니는 친구의 자녀는 부러워한 적도 있다. 천지 만물을 만드신 이가 사람의 인생길을 그렇게 굴곡진 삶으로 만드셨을 것이다.

병실을 나서면서 생각했다. 다 차제하고 이렇게 건강한 몸으로 살고 있다는 자체가 얼마나 큰 행복일까 하고. 작지만 큰 꿈도 없지만, 내가 누리고 있는 이 기적처럼 느껴지는 소소한 일상이 모두 감사의 제목이라는 생각이 들었다. 문득 이전에 부러움의 대상이었던 것이 작아 보이고 아내에게 투덜거렸던 일들조차 미안해졌다. 오월의 신록이 어젯밤 단비 덕분인지 한층 더 푸르고 싱그럽다. 하늘도 구름 한 점 없는 파랑으로 떠 있다.

행복의 문을 여는 열쇠

"내가 해 아래서 행하는 모든 일을 보았노라 보라 모두 다 헛되어 바람을 잡으려는 것이로다"(전1:14) 솔로몬의 고백이다. 생전에 온갖 부귀영화에 하나님 주신 지혜까지 받아 이스라엘 왕국의 전무후무한 황금기를 누린 솔로몬 왕의 고백이다. 이 세상에 있는 모든 것은 다 헛되고 헛됨을 표현하고 있다. 400년 애굽 땅에서 종살이하다 출애굽 한 이스라엘 백성들이 광야에서 하늘에서 내려준 만나가 꿀맛 같은 과자라 했다. 그러나 40년간 매일같이 내려주는 만나가 기름에 튀긴 맛으로 변질하고 말았다. 하나님의 은혜가 꿀맛 같은 감격이었는데 일상이 되다 보니 지루하고 느끼하게 느껴지기 시작했다.

부자는 맛있는 게 없고 좋은 것이 없다고 한다. 온갖 맛있는 것을 다 먹어보니 더 이상 맛있는 음식이 없을 테고, 온갖 호사를 다 누려 보았으니 더 이상 좋은 일을 찾을 수가 없는 것이다. 비단 부자만이 겠는가? 우린들 별반 다르지 않다. 고통이나 고난의 강을 건널 때 문제를 해결해 달라고 부르짖어 간절히 기도하지만, 문제가 해결되고 평온이 찾아오면 받은 은혜가 느꼈던 감격이 시간이 흐를수록 옅어지고 얇아지는 것을 본다. 더 시간이 지나면 언제 그랬냐는 듯 잊어 버리는 경우를 종종 본다.

젊은 시절 아들이 청년기를 방황할 때 새벽 제단을 쌓으며 그 문제를 해결해달라고, 어둠의 터널에서 빛 가운데로 인도해 달라고 눈물로 기도한 적이 있었다. 한두 해가 아니고 10년을 새벽마다 그 영혼을 위해 눈물 바람을 했다. 그때 40일 작정 기도로 시작한 새벽기도가 180일이 되고 1년이 되고 일상의 시작이 되어서 지금은 새벽 예배로 매일의 하루를 시작한다. 지금은 이 모든 먹구름이 걷히고, 일상이 제자리로 돌아오고 평화가 찾아왔다. 시간이 흐르면서 기도의 간절함도 엷어지고 고비마다 기적처럼 내려주셨던 그 은혜의 감격이 희미해 가고 있다.

돈 많은 젊은 세대들이 마약에 연루되어 뉴스를 타는 경우를 종종 본다. 물질적으로 풍요로운 그들에게 돈은 곧 로마로 통하는 길이었을 것이다. 자신의 욕구를 만족스럽게 채워주고 쾌락을 더 해 줄 더 자극적인 것을 찾아야 했을 것이다. 그러다 보니 마약과 환각의 세계로 뛰어들었을 것이다.

감사를 잃어버린 사람은 행복을 찾을 수 없다. 감사는 행복의 문을 여는 열쇠이기 때문이다. 그렇다면 그 감사는 어디에서 오는가. 한마디로 가난한 영혼을 가진 자만이 누리는 특권이다. 겸손하게 자기의 연약함과 부족함을 인정하고 하나님의 은혜를 구하는 자만이 감사의 제목을 발견할 수 있다. 감사가 사라진 자리에는 불평과 불만이 파고들어 온다. 비단, 광야의 이스라엘 백성뿐만 아니라, 우리 모두에게 은혜와 감사를 잃어버리고 내가 누리고 있는 것들이 당연히 것으로 다가온다면 영적인 금지선을 넘어간 것이다.

사람이 만든 이 땅의 모든 것은 변하고 사라지게 된다. 이 변할 수 없는 사실은 진리이다. 그러나 변하고 소멸하는 것들은 영원하지 않기에 헛되고 헛될 뿐이다. 해 아래 땅 위에 존재하는 인간이 만든 피조물은 영원불멸의 것이 없다. 비록 일시적으로 감동이나 기쁨이나 쾌락을 느끼게 할 수는 있어도 영속적인 기쁨을 주지 못했다.

순간마다 고비마다 기적같이 문제를 해결해 주시고 위로해 주셨던 하나님의 은혜를 돌아보는 시간이다. 작고 소소한 일상에서 감사를 찾아 나서야겠다. 먼발치에서 그 분이 말씀하고 지켜보고 있다. 긍정의 눈으로 바라보라고. 네가 누리는 순간순간마다 이것이 기적이라고.

헐렁한 사람

맷집이 생겼다. 아내의 잔소리가 부쩍 늘었다. 아니 어쩌면 나이 들면서 나의 실수가 잦아지고 부족한 밑천이 드러나는 것 아닌가 싶다. 아내는 자기의 이야기나 당부를 건성으로 흘려듣기 때문이란다. 곰곰이 생각해 보면 그런 면도 없지는 않지만, 사실 나는 실수도 잦고 흠도 많은 엉성한 사람이다. 직장 다닐 때는 이러한 단점을 숨기려고 한 번이라도 더 꼼꼼히 읽어보고 챙기고 했다. 그렇다고 남에게 특별하게 손해를 끼치거나 민폐를 끼친 적은 별로 없다. 함께 웃고 넘어갈 정도의 소소한 사건이거나, 친구도 그런 헐렁하고 어설픈 구석이 있었느냐 하는 정도의 반응이었다.

학창 시절에 어느 친척 집에 방문한 적이 있었다. 대문을 들어서는데 마당에 풀 한 포기가 없다. 마루도 반질반질하게 깨끗하다. 방 안을 들어섰는데, 침구도 반듯하게 시렁에 올려져 있고, 어느 구석 하나 흐트러지거나 허술한 곳이 없다. 왠지 답답하고 앉은 자리가 가시방석 같았다. 어른들의 옷차림도 반듯하고 격조가 느껴졌다. 밥상머리에서도 수저나 젓가락 소리가 조심스럽게 음을 낮추고 있었다. 밥맛을 전혀 느낄 수가 없었다. 대문을 나서는데 답답했던 가슴이 뻥 뚫리는 것만 같았다.

대학 시절에는 친구와 자취생활을 했다. 두 평 남짓한 자취방은 옷장이나 이불을 넣어 둘 만한 공간이 없었다. 이불은 늘 바닥에 제멋대로 널려 두었다. 방문 앞 연탄 아궁이 옆에 부엌이 있었다. 찬바람이 불면 친구들은 주인이 있건 없건 와서 라면을 끓여 먹고 따뜻한 아랫목 이불속에 발을 녹이고 돌아가기도 했다. 사실은 개방된 자취방이었다.

은퇴 이후 초등학교 친구들 만나는 기회가 많아졌다. 어려서부터 누구네 집 논밭은 물론이고 아버지 어머니 이름까지 알고 커 왔으니 숨길 것도, 감출 것도 없는 막역한 사이다. 그 자리에 가면 세상의 지식이나 잣대를 넘어서는 동질감이 있다. 때로는 배움의 모자람이나 사회적 이력의 부족함이 더 좋다. 꾸밈과 가식 없는 진솔함과 소박함이 있기 때문이다. 그 모임에 가면 스스로 머슴임을 자처한다. 그중에서도 설거지 당번이 좋다. 운전기사 노릇도 좋아한다. 거기서는 가급적 내 생각과 판단은 유보한다. 따져본다 한들 그게 그

거다. 별 차이도 없다.

　아침에도 아내가 공복에 마신 우유 잔을 적당히 물로 헹궜다고 한마디 한다. 잔에서 채 가시지 않은 비릿한 우유 냄새가 남아 있다. 엊저녁에는 화장실 불을 끄지 않았다고 펀치를 날린다. 아내의 잔 펀치를 연타로 맞아도 이제는 아프지도 않다.

　회사에서는 지켜야 할 것은 철저히 지켜야 하고, 일은 빈틈없이 완벽함을 요구한다. 하지만, 인간관계에서는 상대가 내게로 오는 것을 차단하고 막아서는 벽을 세우는 일이다. 실수 한 번 하면 어떠리. 웃어넘기고 받아들일 수만 있다면 추억이 될 수도 있고 에피소드로 남을 수 있다.

　나사 하나 풀린 듯 헐거운 사람이 부담 없고 편할 때가 많다. 차갑고 딱딱한 벽보다는 비집고 들어올 수 있는 틈이 있고 헐렁한 내가 더 좋은 것 같다. 이제는 아내의 잔소리가 더할지라도 맷집도 더 생겼으니 견딜 만하다. 소소한 인간미가 드나들 수 있는 넉넉한 바람구멍 하나 열어 두고 살 일이다.

후회

앞이 캄캄했다. 마취에서 깨어난 어머니 눈두덩이에는 두 눈 모두 두툼한 거즈가 덧입혀 있고 그 위로 흰색 밴드가 두 이(二)자로 붙여져 있다. 두꺼비 등 같은 손이 상처를 덮고 있는 두툼한 거즈에 닿는 순간 어머니는 가는 신음을 냈다. '어머니 백내장이 심해서 수술했어요' '하룻밤 자고 나면 안대도 벗고 이전보다 더 잘 보일 거라네요' 짐짓 어머니를 안심시키려는 듯 자식은 노모의 어깨를 감싸며 낮은 소리로 위로한다. 병원문을 나선 모자가 택시에 옮겨 타고 요양원으로 돌아갈 때까지 어머니는 "그러냐…." 하고는 아무 말이 없다. 아마도 아들의 마음에 짐을 지우고 싶지 않아서 하는 대답이었을 것이다.

요양원에 오시기 전 어머니는 장손인 큰아들 내외와 함께 아버지와 할머니가 사셨던 고향 집에 살았다. 어머니는 다섯 살 적 외할아버지가 사고로 돌아가시고 외할머니가 일찍 재가하는 바람에 당숙 슬하에서 고아로 자랐다. 일제 치하 가난했던 시절 첩첩산중 당숙 댁에서는 밥술 하나 덜어내겠다고 밭 한 떼기 없는 아버지에게 열여섯 어머니를 출가시켰다. 황무지 같은 가난 속에서 어머니는 쇳덩이 같은 생활력으로 칠 남매를 낳고 남부럽지 않게 가르쳐 자리들 잡게 하셨다. 평생 자식만 바라보고 땅을 일구며 앞만 보고 살아오신 어머니도 환갑 줄에 들어서자, 칠 남매를 출가시키고 난 후로는 농사일이 재미가 없다고 했다. 자식을 키우고 가르칠 때는 돈을 모으고 써야 할 곳이 있기에 일을 해야 할 이유와 재미가 있었다. 그러나, 이제는 그 목표가 없어진 것이다. 거기에 칠 남매를 업고 선 등에 세월의 무게까지 더하다 보니, 무쇠 같은 체력일지라도 당해 낼 재간이 없었을 것이다. 손가락 마디마다 울퉁불퉁 옹이가 생기고 손가락이 뒤틀리고, 무릎관절이 닳아 앉고 설 때마다 달그락달그락 마른 소리가 났다. 여든 줄에 접어들면서는 눈물짓는 날 수가 많아졌다. 건너 담 사시는 만수 아저씨가 "너그매 치매가 왔는가 싶다"라며 귀뜸도 해주었다. 해가 더해 가면서 어머니는 다리가 휘고 오른쪽 다리를 절뚝거리는 정도가 심해지기 시작했다. 밖을 나갔다 돌아온 어머니는 종종 오른쪽 얼굴에 생채기를 달고 오셨다. 넘어지면서 길바닥에 얼굴이 씻기는 것이다. 자식들은 '관절이 닳고 휘어져 중심을 잃고 넘어지다 보니 얼굴에 상처가 났구나' 하며 단순하게 생각했고, 오른쪽 무릎

이 상태가 심하다 보니 오른쪽 얼굴이겠구나 생각할 수밖에 없었다.

날을 더하면서 우울증이 심해지고 환청을 듣기 시작했다. 장터에서 꽹과리 소리가 들린다느니 하기도 하고, 모퉁이에서 누굴 부른다고 돌아가 보기도 했다. 자식들 귀에는 들리지 않는 소리를 듣고 있으니 서로가 답답할 일이었다. 어떤 날은 "야들이 나를 바보로 아느냐"며 이런저런 언성을 높이기도 했다. 어머니가 환청 환자라고 접어 두면서부터는 그러시냐며 무관심으로 넘어가는 것이 대수였다. 어머니의 환청은 하루 중 해거름 무렵이면 더 심해지기 시작했다. 친구가 밤 주우러 가자고 부른다느니, 동무가 나물 캐러 가자고 한다면서 시도 때도 없이 집을 나섰다. 목적지를 알 수 없는 무단외출이다. 횟수를 거듭할수록 어둠이 내려도 돌아오지 않는 일이 많아졌다. 그럴지라면 비상 연락망이 가동되고 자식들은 저마다 흩어져 작전이라도 하듯 야간 수색이 이루어졌다. 가끔은 어머니의 병세를 아는 마을 사람들이 가는 곳을 제보해 주는 경우가 있었지만, 대부분은 소재 불명이었다. 어떤 날은 새벽 두 시가 넘어서야 외진 농수로에 흙 범벅이 된 어머니를 구출해오는 일까지 벌어졌다. 그러기를 십여 차례 반복하다 보니 큰아들 내외의 생활이 흔들리기 시작했다. 외출이나 농사일을 나가도 어머니를 차에 모시고 다녀야 했다. 급기야 가족회의를 열어 대책을 세우기로 했다. 시설로 모시자는 의견이 절대다수였다. 유독, 시집온 이후 여태까지 어머니와 한솥밥을 먹고 살아 온 큰며느리만 결사적으로 반대였다. 그러나 대세는 이미 노년의 어머니도 중요하지만, 남아있는 형님 내외의 삶도 생각해야 한다는 현실적 대안이 결론으로 내려졌다.

어머니의 거처가 정해졌다. 큰 두 고을을 지나 버스 길에서 십 리나 더 깊이 들어가야 하는 원 백여리, 거기서도 마을 끄트머리에 자리한 요양원이었다. 어머니에게는 그 길이 처음 가보는 낯선 길이다. 직감적으로 눈에 익숙한 내 집 가는 길이 아니라고 여겼는지 "야야, 여기가 어디냐?" "어디로 가는 거냐?"고 어머니는 되묻기 시작한다. '어머니 계실 새집으로 가는 중이여요' '방도 따뜻하고 마음에 드실 겁니다' 자식은 마음에도 없는 말을 둘러대고 있었다. 어쩌면 어머니는 직감적으로 알아채고 있을 수도 있었다. "야야, 집으로 가야 한다. 너그 아버지랑 할머니랑 밥도 챙겨줘야 하니, 어서 집으로 가자"하며 운전대를 다그치고 있었다. '알았어요, 오늘은 늦었으니 저랑 자고 내일 가시게요' 자식은 되지도 않은 말을 임시방편으로 둘러대고 있었다.

원 백여리 이정표를 지나 외딴 요양원에 이르자 원장님이 우리를 맞는다. 어머니를 위해 마련해 둔 방으로 모신 원장님이 "저희가 알아서 잘 추슬러 볼 테니 너무 걱정하지 말고 어서 돌아가세요" 하신다. 어머니가 눈치채고 같이 가자며 따라나선다. 두 눈을 질끈 감고 방문을 닫았다. 그 옛날 저승길 멀지 않은 부모를 등에 지고 첩첩산중 고려장에 내려두고 산길을 내려오는 자식 마음이 이랬을까? 왈칵 속울음이 터졌다. 원장님이 등을 토닥이며 등을 떠민다. 떨어지지 않는 발길을 남겨두고 오던 길을 되짚어 달렸다. 멈출 수가 없었다.

어머니는 마을회관을 다녀오시면 자식들이 저그 오매를 시설에 보냈다며 "너그는 나를 절대 고려장에 보내면 안 된다." "나는 눈에 흙이 들어가도 절대 그런데 안 간다."라며 유언처럼 당부하던 말이 생각났다. 울음이 목구멍까지 차올랐다. 요양원 문을 나설 때 같이 가자는 어머니의 모습이 눈에 밟혀 밤잠을 이룰 수가 없었다. 날이 밝자 당장 달려가고 싶었지만, "한 닷새 지나서 오시지요" 했던 원장님의 당부가 있어 참기로 했다.

어머니는 조금씩 갇힌 생활에 익숙해지고 있었다. 원장이나 직원들이 "엄마! 엄마!" 하면서 정성껏 돌봐 드리고 있었다. 머릿속 기억도 차츰 희미해져 갔다. 내가 누구냐 물으면, 머리 희끗희끗한 자식을 아들이 아닌 당숙이라 했다. 치매가 진행되고 있었다. 어머니는 이미 마흔 살 기억밖에 가지고 있지 않았다. 자식들의 근황을 물을 때에도 학창 시절의 기억만 꺼내 들고 있었다. 어머니는 이미 마흔 살의 기억으로 돌아가 있었다.

요양원 거실에는 큼직한 텔레비전이 한 대 놓여 있다. 어르신들은 식사를 마친 후 삼삼오오 텔레비전 앞에서 무료한 시간을 메운다. 그런데 유독 어머니만 시청을 안 한다는 것이다. 행동도 어눌해지고 자주 눈을 비비며 허공을 더듬거린다는 것이다. 안과를 한 번 모시고 가면 어떻겠느냐는 원장님 연락을 받았다. 가슴이 뜨끔했다. 전혀 예상치 못한 일이었다. 아마도 오랜 경험을 가진 원장님은 어머니의 시력에 문제가 있다고 판단한 모양이다. 부랴부랴 큰 병원을 찾았다. 이리저리 어머니의 눈을 살펴본 의사 선생님께서 "어르신 눈이 이 지경이 되도록 내버려 두었느냐?" 하며 호되게 나무라는 것이다. 목소리는 낮고 조용하지만 단호했다. 망치로 뒤통수를 맞은 것처럼 호통으로 다가왔다. 왼쪽 눈은 실명이 된 지 오래고, 다른 쪽도 백내장이 심해 수술을 해봐야 하겠지만, 실명 직전이라는 하늘이 무너지는 선고를 하셨다. 그러나 두 눈 모두 최선을 다해 수술해 보자는 뜻밖의 고마운 제안을 하셨다. 수술은 곧바로 진행할 수 있었다. 어머니를 수술실로 들여보낸 아들, 절망이 아니길 빌었다. 남은 한쪽 눈이라도 지켜 달라고 기도하기 시작했다. 기다리는 동안 지나온 일들이 주마등처럼 스쳐 갔다. 시설에 오기 전 자주 넘어져 한쪽 얼굴에만 났던 상처가 무릎관절이 아닌 시력상실 때문이란 생각이 퍼뜩 들었다. 한쪽 눈으로는 원근을 분간하지 못해 울퉁불퉁한 시골길에서 성할 날이 없었던 얼굴의 상처 원인이 실명된 눈에 있었다는 것을 알았다.

  자식이 일곱이래야 아무 소용이 없었다. 누구 하나 겉으로 보이는 휘어진 관절만 생각했지, 누구도 어머니의 눈에는 관심을 두지 못했다. 후회가 밀물처럼 밀려왔다. 남들은 부모에게 모자랄 것 없이 잘한다고 침이 마르게 칭찬하고는 한다. 하지만, 자식은 겉만 번지르르하게 입으로만 안부를 묻고 용돈으로 체면이나 세우는 천하의 불효자였다. 자식 손으로 안고 목욕 한 번 제대로 시킨 기억조차 없다.

늦은 날 자식의 마음 한쪽이 어머니를 향한 돌이킬 수 없는 후회와 미련으로 쌓이고 있다.

몰라보게 야위고 시들어진 어머니를 하얀 침대보에 살며시 내려 놓는다. 자식 품에 안긴 어머니가 오늘따라 종잇장처럼 가볍다. 여태껏 남들 다 타 보는 비행기 한 번 타 보지 못하고, 이제는 앙상한 뼈만 남은 한 여자 서러운 생이 삐걱거리는 침대에 누워있다. 적막하고 쓸쓸하다. 캄캄한 날 등불 밝혀 주시고, 광야에서 방황할 때 손잡아 주셨던, 허기진 가난에도 자식만을 바라보며 굴곡진 세월을 건너오신 한 여자의 생이 저문 길에서 돌아가야 할 길을 묻고 있다.

흙의 아우성

　발은 제2의 심장이다. 그중에서도 발바닥에는 많은 신경세포와 장기로 연결되는 혈점이 모여 있다. 아울러 우리 몸을 떠받치고 있는 대들보 같은 것이다. 예순을 넘어서면서 발이 차고 시리다. 손등과 손목도 추위에 곱은 손처럼, 저린 듯 촉감이 무디어진 느낌이다. 누군가로부터 수족이 차면 혈액순환이 잘 안된다는 이야기를 들은 기억이 있는데, 나도 그런 것일까. 건강에 대하여 남의 이야기처럼 둔감했던 나에게도 살짝 염려가 찾아온다.

　언젠가 텔레비전 건강 프로그램에서 본 맨발로 걷기 특집을 시청한 적이 있었다. 고혈압과 당뇨는 물론이고 암을 이겨낸 사람들이 매일 산길을 맨발로 오르내리며 걷는 장면이 투병 극복기처럼 방영되고 있었다. 그래서인지 주변마다 날이 갈수록 맨발 걷기 열풍이 거세게 불고 있다. 지방자치단체들도 관광지에 황톳길을 조성하면서 맨발 걷기 증후군을 확대재생산하고 있다. 귀가 솔깃해진다. 그래, 맨발로 흙길을 걸어 보리라. 생각이 꽂힌다. 어디로 갈까. 흙길이 어디에 있지? 막상 찾으려 하니 주변에 비포장 흙길이 보이지 않는다. 사람이 지나다닐 수 있는 길이란 길은 시멘트로 덧씌워져 있다. 15층 베란다 창문을 열고 사방팔방을 둘러보아도 눈에 보이질 않는다. 우리 집에서 그리 멀지 않은 건지산 산책길이 생각났다. 소문에 듣기로는 맨발로 둘레길을 걷는 사람이 부지기수란다. 거기에 편백 숲의 시원함과 향기까지 덤으로 얹혀 준다고 하니 귀가 솔깃해진다. 그래도 한 번 가 봐야 하겠다.

    어린 시절만 해도 아스팔트나 시멘트 포장길은 전주 시내를 와야 찾을 수 있고 지천이 모두 흙으로 이루어진 자연 그대로의 모습이었다. 개미도 벌레도 이름 모를 온갖 풀들도 흙길 위에서 함께 살았다. 비가 오면 자연스럽게 높은 곳에서 낮은 곳으로 물길이 나고 강으로 이어졌다. 유년의 황톳길은 고무신이 제격이었다. 너나 나나 할 것 없이 신고 다녔던 고무신은 아이들에게는 맥가이버 같은 존재였다. 물길을 막고 물고기를 잡을 때 물 퍼내는 바가지로도 쓰였고, 모래밭에서 두 개의 신발을 접어 기차놀이 하는 장난감으로도 쓰였다. 하굣길에 신발을 벗어 호박벌을 잡는데도 아주 좋은 채집 도구가 되기도 했다. 비가 와도 운동화나 구두처럼 번거로울 일이 없었다.

신발 속에 흙이 들어가면 탈탈 털어버리면 그만이고, 비가 와도 신발 젖을까 걱정할 필요가 없다. 물속이든 흙길이든 전차로 말하면 수륙양용이다. 단순하고 간단하면서도 아주 실용적이었다.

　　그런데 지금은 고무신도 문명의 뒤안길로 사라졌지만, 두 발로 걸어볼 수 있는 흙길 자체가 잘 보이질 않는다. 숨이 막힐 것 같다. 맨살을 드러내고 마음껏 숨 쉬고 살아야 할 땅의 입장에서는 어떨까? 얼굴에 횟가루를 뒤집어쓰고 있는 것도 모자라 산채만이나 한 아파트를 떠받치고 있다. 숨이 턱턱 막히고 뼈가 으스러질 지경이다. 도심 전체가 온통 물 샐 틈 없이 방수 처리를 해 놓았으니 비가 오면 빗물이 스며들 공간이 없다. 조금만 질척거리고 신발에 흙이라도 묻힐라치면 불편하니 도로 포장해 달라고 너나없이 피켓을 든다. 비포장 시절에 비가 많이 와 주택이 침수되고 아파트 주차장이 물에 잠겼다는 이야기는 들어본 적이 없다. 도심 곳곳에 너른 저수지를 파고 시멘트로 바닥칠을 하고 그 위에 집을 짓고 도로를 낸 꼴이나 다르지 않은가. 우리 스스로가 만든 자연 파괴에 대한 자업자득이라 말하고 싶다.

　　맨발 걷기를 위해 흙길을 찾아 나서다가 생각이 여기까지 따라왔다. 아파트 단지 앞에 황토물을 입혀 포장해 놓은 시멘트 산책로라도 걸어보기로 한다. 비록 황토물만 입힌 포장길이지만, 맨발이 닿은 촉감이 시원하고 까끌까끌함에 기분이 좋아진다. 여기라도 매일 매일 가만가만 맨발로 걸어봐야겠다.

그러다가 문득, 머리에 떠오르는 그곳, 장수에 있는 사과 농장이 생각났다. 올봄, 새롭게 농장을 조성하면서 중장비로 땅을 갈아엎고, 여러 날 돌을 주워내면서 속살이 잘 드러나 보이는 황토밭이다. 그래, 안성맞춤이다. 주말마다 농장을 가는데 어찌 그 생각을 못 했을까. 이번 주부터는 진짜 황토밭에서 맨발 걷기를 해 보리라. 장화를 신지 말고 맨발로 농장을 둘러보고 작업을 하다 보면 발바닥이 실컷 흙 맛을 보게 될 게다. 농장 일도 하고 건강도 챙기고 일거양득이 되겠다. 생각은 벌써 고향 사과밭으로 향하고 있다.

유인봉 수필집
하루하루가 기적이다

인쇄 2025년 7월 23일
발행 2025년 7월 30일

지은이 유인봉
발행인 서정환
펴낸곳 신아출판사
주소 전북 전주시 완산구 공북 1길 16(태평동)
전화 (063) 275-4000
팩스 (063) 274-3131
이메일 sina321@hanmail.net
출판등록 제465-1984-000004호
인쇄·제본 신아문예사

저작권자 ⓒ 2025, 유인봉
이 책의 저작권은 저자에게 있습니다. 서면에 의한 저자의 허락없이 내용의 일부를 인용하거나 발췌하는 것을 금합니다.
COPYRIGHT ⓒ 2025, by Yu Inbong
All right reserved including the rights of reproduction in whole or in part in any form.
저자와 협의, 인지는 생략합니다.
잘못된 책은 바꿔 드립니다.

ISBN 979-11-94595-75-5 03810
값 15,000원

Printed in KOREA

*이 책은 장수문화원 문화예술진흥사업 지원을 받아 발간하였습니다.